Christa Troll
Michaela Hartl
Nadine Lohmann

Hauswirtschaft in Bildern

Kräuter und Gemüse vorbereiten für Anfänger

Auer Verlag GmbH

Gedruckt auf umweltbewusst gefertigtem, chlorfrei gebleichtem
und alterungsbeständigem Papier.

1. Auflage 2010
Nach den seit 2006 amtlich gültigen Regelungen der Rechtschreibung

Fotos: Friedrich Rieß
Umschlagfoto: Friedrich Rieß
Satz: krauß-verlagsservice, Augsburg
Druck und Bindung: Kessler Druck + Medien GmbH, Bobingen
ISBN 978-3-403-06528-9

www.auer-verlag.de

Inhaltsverzeichnis

1 Vorüberlegungen

2 Medien

3 Arbeitsblätter

4 Rezepte (in alphabetischer Reihenfolge)

1 Vorüberlegungen

Im Fach Hauswirtschaft steht neben dem Planen und Organisieren vor allem das Zubereiten von Speisen im Mittelpunkt, wobei hier grundlegende Kenntnisse der Ernährungslehre durchdrungen und erlernt werden.
Damit Schüler* selbstständig gesunde Speisen zubereiten können, müssen wesentliche Techniken, wie z. B. verschiedene Schneidetechniken, erlernt werden.
Diese sogenannten Basistechniken können anhand einfacher Rezepte eingeschult werden, damit der Schüler diese erlernt, einübt und auf weitere Gerichte übertragen kann.
Das Einschulen, aber auch die immer wiederkehrende Sicherung dieser fundamentalen Techniken sind von großer Bedeutung. Mithilfe der Bildkarteien und des dazugehörigen Begleitheftes können Sie Ihren Schülern zusätzlich zum Realmedium (Lebensmittel, Arbeitsmittel) die Techniken schüler- und sachgemäß veranschaulichen.
Die einzelnen Arbeitsschritte werden auf Fotos visualisiert. Somit können Sie die Tätigkeiten in kleinen Schritten einführen und die Schüler bei der selbstständigen praktischen Umsetzung optimal unterstützen.

Aufbau der Bildkartei „Kräuter und Gemüse vorbereiten für Anfänger"

Die Bildkartei „Kräuter und Gemüse vorbereiten für Anfänger" besteht aus 44 Kärtchen, die in 12 Kräutersorten (Petersilie, Schnittlauch, Dill, Basilikum, Liebstöckel, Salbei, Rosmarin, Thymian, Zitronenmelisse/Minze, Majoran, Kresse und Bohnenkraut) sowie in sieben Gemüsearten (Champignon, Radieschen, Weißkohl / Weißkraut, Kohlrabi, Blumenkohl, Feldsalat und Knoblauch) unterteilt sind.
Die Rubrik Kräuter besteht aus 12 Gruppenkarten (Vorderseite mit Bild und Rückseite mit Informationen) und den Arbeitstechniken zum Zerkleinern (allgemein). In der Rubrik Gemüse gibt es für jede der sieben Gemüsearten jeweils eine doppelseitig bedruckte Gruppenkarte sowie Karten zu den einzelnen Arbeitsschritten. Zur leichteren Sortierung sind die Karten zu einer Gemüseart jeweils mit der gleichen Farbe hinterlegt.

Beispiel Arbeitsschritte „Blumenkohl"

Gruppenkarte „Blumenkohl"

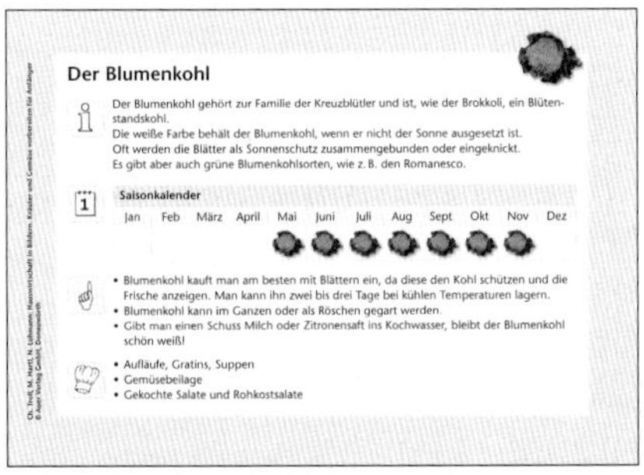
Der Blumenkohl

Der Blumenkohl gehört zur Familie der Kreuzblütler und ist, wie der Brokkoli, ein Blütenstandskohl.
Die weiße Farbe behält der Blumenkohl, wenn er nicht der Sonne ausgesetzt ist.
Oft werden die Blätter als Sonnenschutz zusammengebunden oder eingeknickt.
Es gibt aber auch grüne Blumenkohlsorten, wie z. B. den Romanesco.

Saisonkalender

Jan	Feb	März	April	Mai	Juni	Juli	Aug	Sept	Okt	Nov	Dez

- Blumenkohl kauft man am besten mit Blättern ein, da diese den Kohl schützen und die Frische anzeigen. Man kann ihn zwei bis drei Tage bei kühlen Temperaturen lagern.
- Blumenkohl kann im Ganzen oder als Röschen gegart werden.
- Gibt man einen Schuss Milch oder Zitronensaft ins Kochwasser, bleibt der Blumenkohl schön weiß!

- Aufläufe, Gratins, Suppen
- Gemüsebeilage
- Gekochte Salate und Rohkostsalate

Die Vorderseite der Gruppenkarte zeigt die einzelnen Arbeitsschritte zum Vorbereiten/Schneiden. Bei den Kräutern ist auf der Vorderseite ein Bild des Krauts zu sehen.
Auf der Rückseite wird das Gemüse/Kraut hinsichtlich Saison, Inhaltsstoffen, Heilwirkung, Merkregeln zum Verarbeiten, wesentlicher Inhaltsstoffe und typischer Verwendung in der Küche beschrieben.

* Aufgrund der besseren Lesbarkeit werden in diesem Buch ausschließlich die männlichen Formen verwendet. Wenn von Schüler gesprochen wird, ist immer auch die Schülerin gemeint, ebenso verhält es sich mit Lehrer und Lehrerin.

Gruppenkarte „Petersilie“

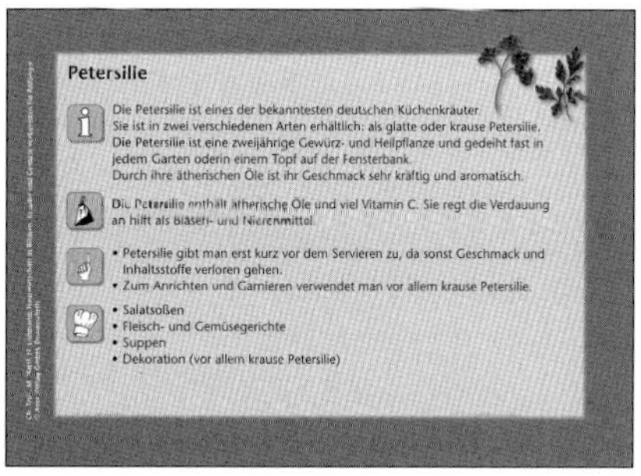

Petersilie

Die Petersilie ist eines der bekanntesten deutschen Küchenkräuter.
Sie ist in zwei verschiedenen Arten erhältlich: als glatte oder krause Petersilie.
Die Petersilie ist eine zweijährige Gewürz- und Heilpflanze und gedeiht fast in jedem Garten oderin einem Topf auf der Fensterbank.
Durch ihre ätherischen Öle ist ihr Geschmack sehr kräftig und aromatisch.

Die Petersilie enthält ätherische Öle und viel Vitamin C. Sie regt die Verdauung an hilft als Blasen- und Nierenmittel.

- Petersilie gibt man erst kurz vor dem Servieren zu, da sonst Geschmack und Inhaltsstoffe verloren gehen.
- Zum Anrichten und Garnieren verwendet man vor allem krause Petersilie.

- Salatsoßen
- Fleisch- und Gemüsegerichte
- Suppen
- Dekoration (vor allem krause Petersilie)

Die einzelnen Punkte auf der Rückseite der Gruppenkarten sind mit Symbolen versehen:

Allgemeine Informationen, z. B. über botanische Klassifizierung, Anbaugebiete, Produkte usw.

Typische Inhaltsstoffe, die in dem Gemüse oder dem Kraut vorkommen (bei Kräutern auch die Heilwirkung)

Saisonkalender (heimischer Anbau) für das jeweilige Gemüse

Praktische Tipps zur Lagerung und Verarbeitung

Typische Verwendung des Gemüses

Begleitheft mit Kopiervorlagen

Das Begleitheft beinhaltet zu jedem Gemüsebaustein verschiedene Arbeitsblätter als Kopiervorlagen zu Arbeitstechniken und Rezepten, Differenzierungsmaterial sowie einen Saisonkalender Gemüse (heimischer Anbau).
Alle Arbeitsblätter beinhalten nach der Arbeitsanweisung sogenannte Textbausteine, z. B. [Verwende den Tunnelgriff!]. Hiermit können die Schüler den Text oder die Merkregeln ergänzen. So können die Arbeitsblätter in verschiedenen Schularten und Leistungsstufen eingesetzt werden. Bei leistungsstarken Schülern können Sie die Textbausteine einfach ausschneiden oder beim Kopieren abdecken.
Außerdem finden Sie im Begleitheft sämtliche Arbeitsschritte zu den Bildkarten als Wortkarten, die vergrößert werden können, z. B. [Blumenkohl putzen], [Blumenkohl in Röschen teilen], die sie parallel zur Bildkarte verwenden können. Die Wortkarten können zum einen zur Begriffsbildung als auch zur Sicherung an der Tafel verwendet werden.
Zu jedem Gemüse-Baustein gibt es ein Arbeitsblatt „Teste dein Wissen!“, das bei jedem Baustein anders konzipiert ist, z. B. durch Ankreuzfragen, Rätsel usw.
Der Kräuter-Baustein beinhaltet allgemeine Arbeitsblätter zum Zerkleinern sowie Rezeptblätter.
Für alle Arbeitsblätter „Teste dein Wissen!“ finden Sie ab S. 25 die Lösungen. Sie können zur Kontrolle im Klassenverband oder zur Selbstkontrolle der Schüler verwendet werden.

Einsatzmöglichkeiten der Bildkartei im Unterricht

Erarbeiten von Arbeitstechniken

- *Gruppenkarte Vorderseite*
  (Einzelarbeit/Partnerarbeit/Gruppenarbeit)
  Anhand der Gruppenkarte können die Schüler durch genaues Betrachten der Fotos die einzelnen Arbeitsschritte nachmachen und erlernen.
- *Gruppenkarte Rückseite*
  (Einzelarbeit/Partnerarbeit/Gruppenarbeit)
  Anhand der Rückseite können die Schüler wichtiges zusätzliches Wissen zum jeweiligen Gemüse/Kraut erwerben.

Sicherung

- *Unmittelbar nach dem Erlernen der Arbeitstechnik*
  Die einzelnen Bildkarten können nach der Demonstration des jeweiligen Arbeitsvorgangs von den Schülern genau betrachtet und in der richtigen Reihenfolge sortiert werden.
  Die Bildkarteien eignen sich ebenfalls hervorragend zur Sicherung des Gelernten an der Tafel. So kann der Schüler sie in der Schülerpraxis immer betrachten. Zusätzlich können die Wortkarten auch vergrößert und ebenfalls an die Tafel gehängt werden.

- *Auffrischen der Schneidetechnik*
  Wurde eine Arbeitstechnik eingeschult und ist diese in folgenden Unterrichtseinheiten bei den Schülern nicht mehr ganz präsent, so können zur Auffrischung die Gruppenkarte oder auch die Fotokarten herangezogen werden.

Veranschaulichung

Die Bildkarten „Kräuter" zeigen jedes Kraut, sodass sich der Schüler ihre wesentlichen Merkmale einprägen und diese wiedererkennen kann.
Die Bildkarten zeigen jeden einzelnen Arbeitsschritt zum Vorbereiten und Schneiden im Original. Der Schüler kann anhand der Fotos die wesentlichen Arbeitsschritte ersehen und auf seine Arbeit übertragen. Hierzu sind auch nur die wichtigsten Merkmale abgebildet, sodass der Schüler nicht verwirrt wird.

Differenzierung

Wie beim Auffrischen der Schneidetechnik schon erwähnt, können mithilfe der Gruppenkarten die Schneidetechniken einzelner Gemüsesorten wiederholt werden. Diese Wiederholung können Sie auch nur mit einzelnen Schülern durchführen, bei denen Bedarf besteht.
Leistungsstärkere Schüler können sich mit der Gruppenkarte neues Wissen aneignen oder auch schon im Vorfeld neue Schneidetechniken erlernen, die sie dann im Plenum der Gruppe vorstellen. Weisen Sie bei den Schneidetechniken vorher aber unbedingt auf mögliche Unfallgefahren hin!

Aufbewahrung der Fotokarten

Zur längeren Haltbarkeit sind die Fotokarten auf beschichtetem Papier gedruckt, welches abwaschbar und wasserabweisend ist. Daher ist ein Einsatz bei praktischen Vorarbeiten und an der Tafel ohne Probleme möglich. Es empfiehlt sich, die Bildkartei „Kräuter und Gemüse vorbereiten für Anfänger" in einer stabilen Box für DIN-A5-Karten aufzubewahren, damit keine Karten verloren gehen oder beschädigt werden.

Wenn Sie sich weitere Bildkarteien aus der Reihe „Hauswirtschaft in Bildern" anschaffen, können Sie alle Fotokarten gemeinsam in einem Karteikasten aufbewahren.
Kästen für Karten der Größe DIN A5 sind in verschiedenen Ausführungen erhältlich, z. B. aus Kunststoff oder Holz.
Je nach Ausführung sind die Kästen/Hüllen im Preis sehr unterschiedlich. Hier einige Beispiele:

Heftsammelbox aus Kunststoff
Preis: ca. 2 €

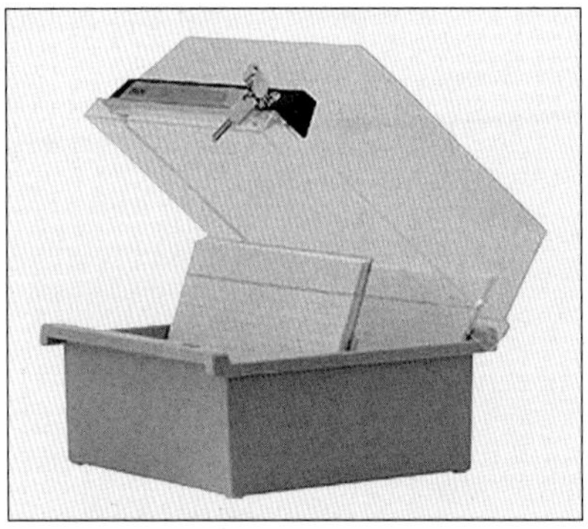

Hersteller HAN
Karteikasten aus Kunststoff
Preis: ca. 10 €

Hersteller HAN
Karteikasten aus Holz
Preis: ca. 40 €

Wortkarten zu den Schritt-für-Schritt-Fotokarten

Hinweise für die Herstellung der Wortkarten

- Kopiervorlage auf DIN A3 vergrößern
- Auf farbiges Tonpapier kopieren und laminieren
  Tipp: Verwenden Sie die gleiche Farbe, in der auch die dazu gehörenden Fotokarten umrandet sind.

Hinweise zum Einsatz der Fotokarten

- Die Schüler können die Wortkarten den Fotos zuordnen.
- Sie können die Wortkarten bei der Tafelanschrift einsetzen.

Tipp: Kopieren Sie die Wortkarten zu den Kräuterarten auf dunkelgrünes Tonpapier.

Petersilie	Schnittlauch	Basilikum	Kresse	
Dill	Basilikum	Liebstöckel	Salbei	Rosmarin
Zitronenmelisse / Pfefferminz	Majoran	Thymian		

Tipp: Kopieren Sie die Wortkarten zur Arbeitstechnik bei Kräutern auf hellgrünes Tonpapier.

Kräuter waschen	Kräuter putzen	Kräuter zupfen
Kräuter wiegen	Kräuter schneiden ⇨ Messer	
Kräuter schneiden ⇨ Schere		

Tipp: Kopieren Sie die Wortkarten zu den Champignons auf beigefarbiges Tonpapier.

Champignon kurz waschen	Stielende entfernen
Champignon halbieren, feinblättrig schneiden	

Tipp: Kopieren Sie die Wortkarten zu den Radieschen auf hellrotes Tonpapier.

Radieschen putzen
Radieschen halbieren, in Scheiben schneiden

Tipp: Kopieren Sie die Wortkarten zum Weißkraut auf dunkelblaues Tonpapier.

Weißkraut putzen	**Weißkraut halbieren, vierteln**

Weißkraut in feine Streifen schneiden

Tipp: Kopieren Sie die Wortkarten zum Kohlrabi auf hellbraunes Tonpapier.

Kohlrabi putzen	**Kohlrabi schälen**

Kohlrabi in Scheiben / Stifte schneiden

Tipp: Kopieren Sie die Wortkarten zum Blumenkohl auf hellgelbes Tonpapier.

Blumenkohl putzen	**Blumenkohl in Röschen teilen**

Tipp: Kopieren Sie die Wortkarten zum Feldsalat auf violettes Tonpapier.

Feldsalat putzen	**Feldsalat waschen und abtropfen**

Tipp: Kopieren Sie die Wortkarten zum Knoblauch auf hellblaues Tonpapier.

Knoblauch schälen	**Knoblauch pressen**

Saisonkalender Gemüse (heimischer Anbau)

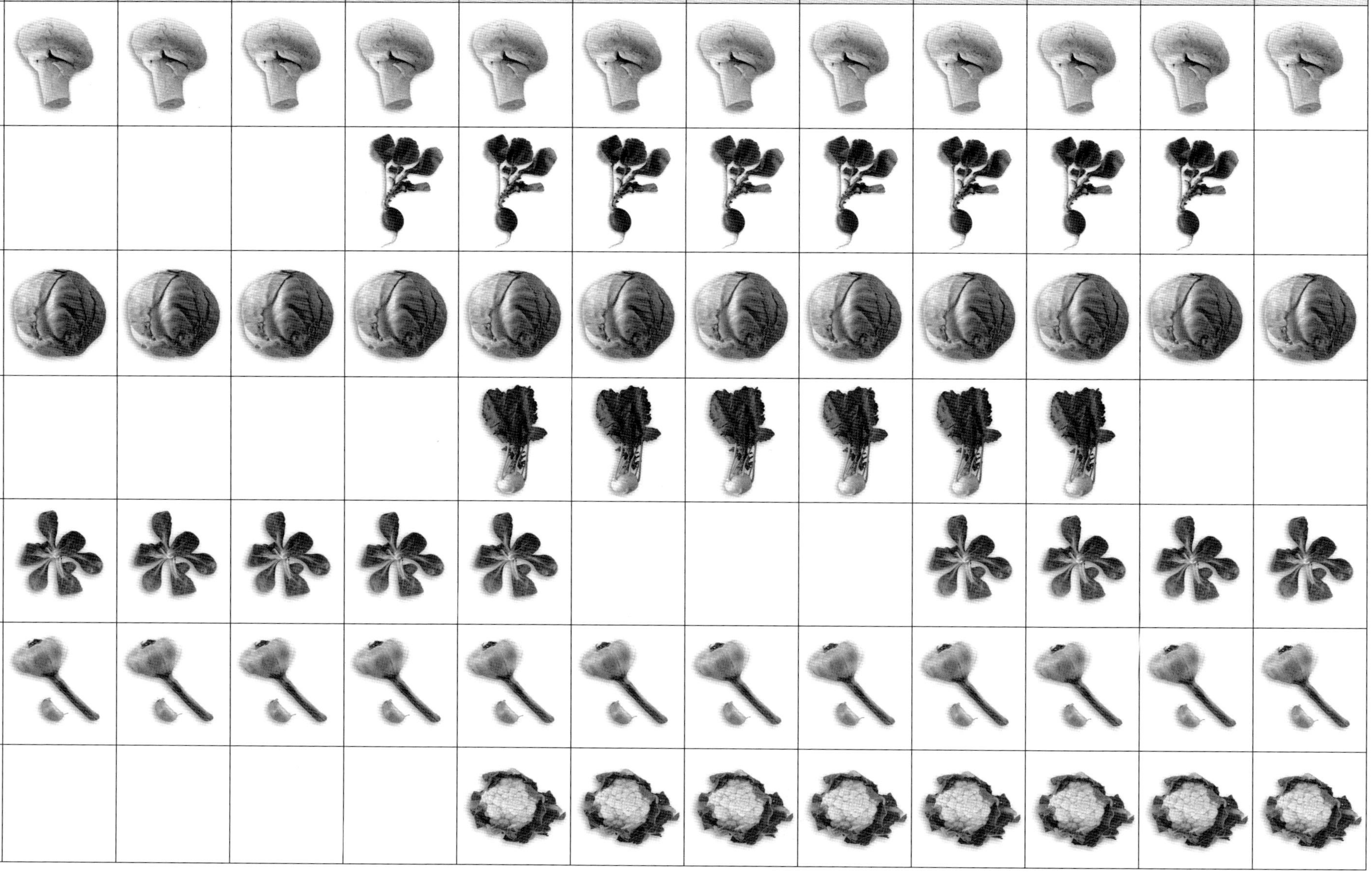

	Jan.	Feb.	März	April	Mai	Juni	Juli	Aug.	Sept.	Okt.	Nov.	Dez.
Cham-pignon												
Radies-chen												
Weißkohl/ Weißkraut												
Kohlrabi												
Feldsalat												
Knoblauch												
Blumen-kohl												

Domino „Kräuter und Gemüse vorbereiten für Anfänger"

Hinweise für die Herstellung der Fotokarten

- Kopiervorlage auf DIN A3 vergrößern
- Auf Tonpapier kopieren und laminieren

Spielanleitung: Man beginnt mit einem Stein. Nun muss man den passenden Text- oder Bildstein finden und anlegen.

Hinweise zum Einsatz der Fotokarten

- Einsatz als Gesamtzusammenfassung
- Einsatz in offenen Unterrichtsphasen

Tipp: Man kann das Gemüse- und Kräuterdomino auch getrennt voneinander spielen! Dieses Domino ist mithilfe der Joker-Steine mit dem Domino in der Fotobox „Gemüse und Kartoffeln vorbereiten für Anfänger" kombinierbar.

Feldsalat putzen

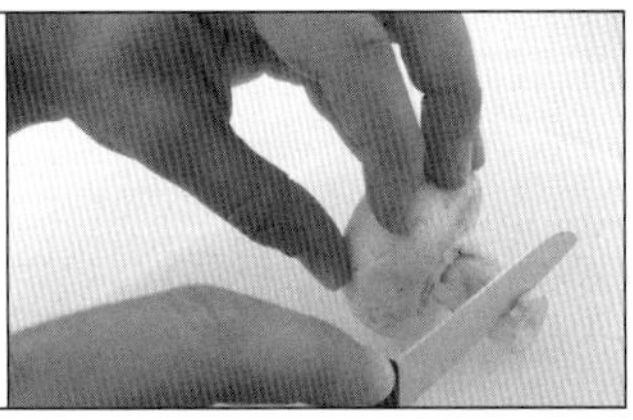

Stielende der Champignons schneiden

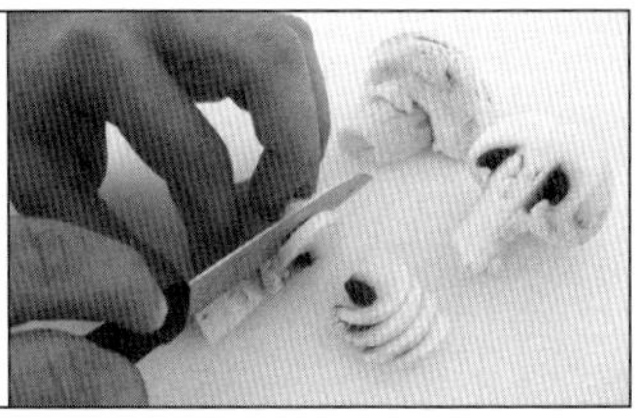

Champignon feinblättrig schneiden

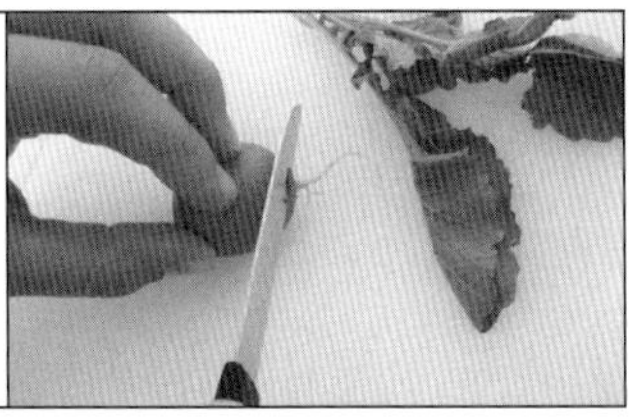

Radieschen putzen

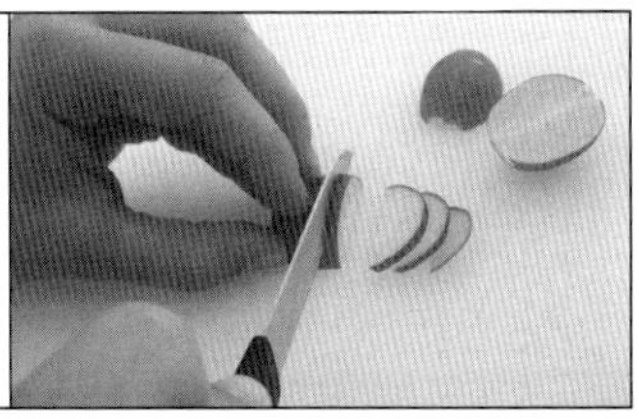

Radieschen in Scheiben schneiden

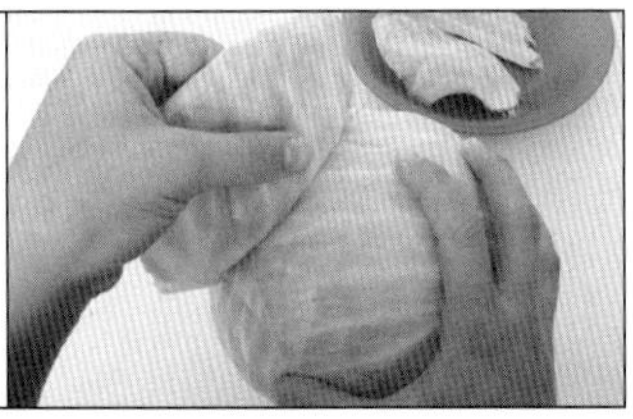

Weißkraut putzen

Weißkraut hobeln

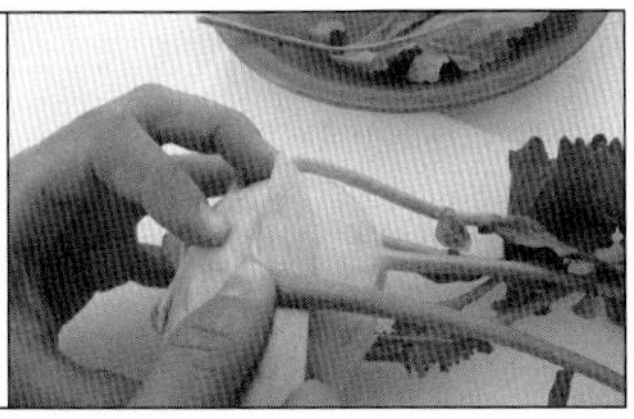

Kohlrabi schälen

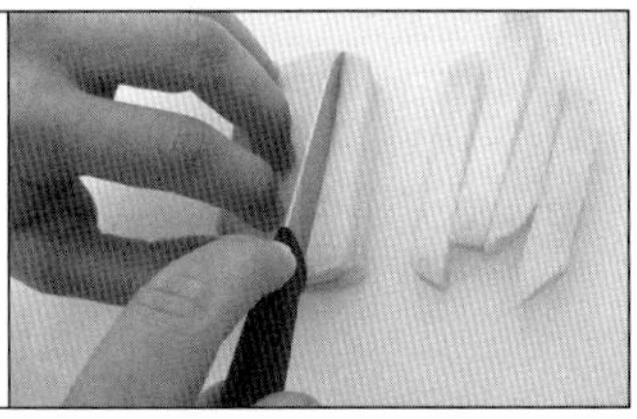

Kohlrabi in Stifte schneiden

Blumenkohl in Röschen teilen

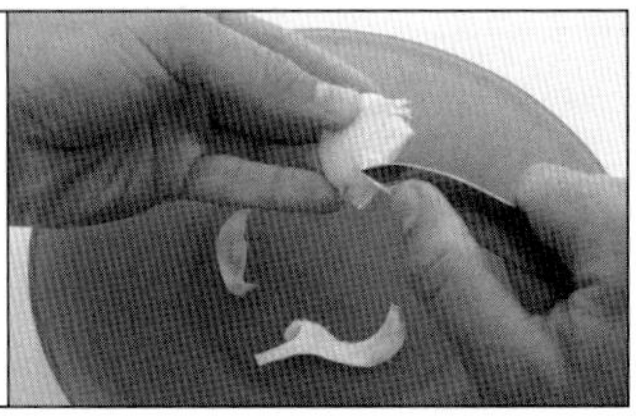

Knoblauch schälen

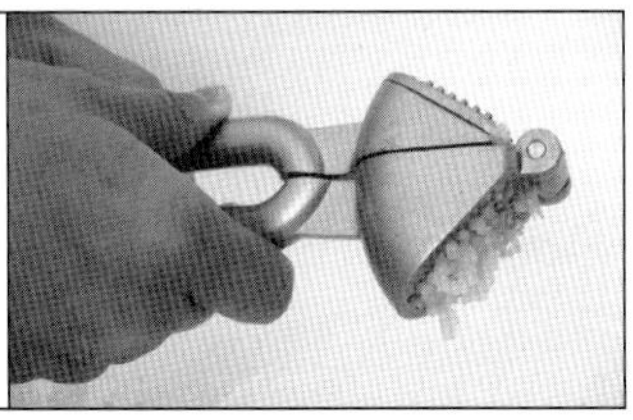

Knoblauch pressen

Kräuter putzen	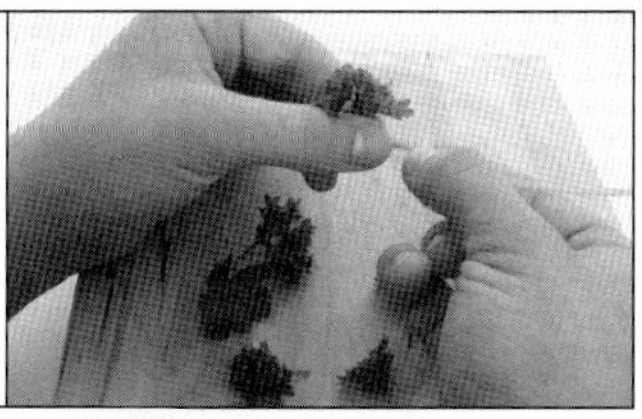	Kräuter zupfen	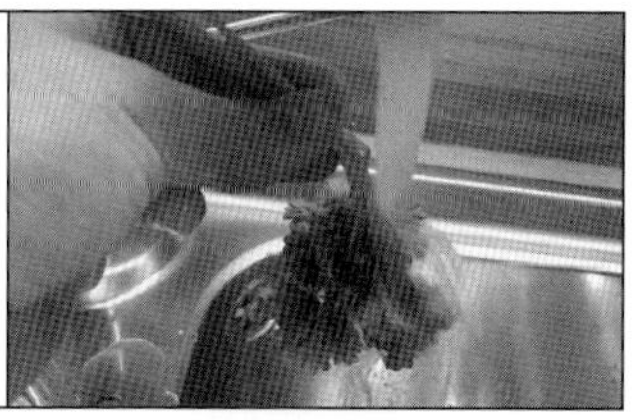
Kräuter waschen		Kräuter mit dem Messer schneiden	
Kräuter mit der Schere schneiden	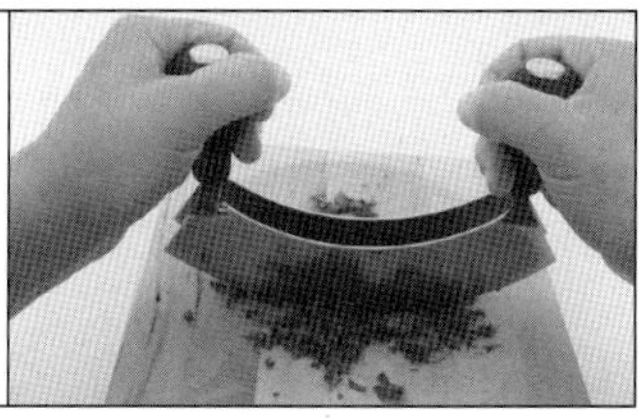	Kräuter wiegen	
Petersilie		Schnittlauch	
Dill		Basilikum	
Liebstöckel		Salbei	
Rosmarin		Thymian	
Zitronenmelisse	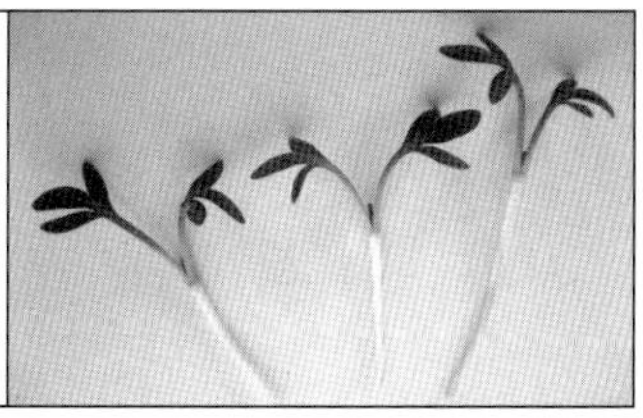	Kresse	
Bohnenkraut		Majoran	

3 Arbeitsblätter

Hinweise zum Einsatz der Arbeitsblätter

- Sowohl das Arbeitsblatt zur Verarbeitungstechnik als auch das „Teste dein Wissen!"-Arbeitsblatt können in vielen verschiedenen Phasen des Unterrichts eingesetzt werden, z. B. als Gesamtzusammenfassung, zur Differenzierung oder als Hausaufgabe.
- Die Textbausteine auf den Arbeitsblättern zur Verarbeitungstechnik erleichtern den Schülern das selbstständige Ausfüllen.
- Die Lösungen für die Wissensarbeitsblätter ermöglichen den Schülern eine eigenständige Kontrolle. Sie finden die Lösungen auf den Seiten 25–27.
- Die beiden Aufgabenkarten auf dieser Seite können zur Gruppen- und Partnerarbeit eingesetzt werden.

Aufgabenkarten

Weißt du Bescheid über Gemüse? ______

1. Informiere dich auf der Gruppenkarte über die Gemüseart.
2. Welche wertvollen Inhaltsstoffe enthält diese Gemüseart?
3. Wann hat diese Gemüseart Saison? ______
4. Was musst du beim Vorbereiten dieser Gemüseart beachten?
5. Nenne zwei typische Rezepte mit dieser Gemüseart.

Material:
- Gruppenkarte

Bist du ein Küchenprofi beim Schneiden von ______

1. Bereite deinen Arbeitsplatz vor.
2. Zähle die Arbeitsschritte beim Zerkleinern in der richtigen Reihenfolge auf.
3. Welche Regeln beachtest du beim Schneiden?

Material:
- Gruppenkarte
- Arbeitsblatt
- Wortkarten

Name:	Klasse:	Datum:	Fach:	Nr.:

Wir zerkleinern Kräuter

Ergänze die Regeln!

Kräuter kurz unter fließendem, kalten Wasser waschen!

Petersilie, Thymian, Rosmarin, Salbei, Basilikum, Dill usw.

Welke Bestandteile und evtl. Blüten entfernen!

Arbeitsschritte:	**Beachte:**
 **1. Kräuter putzen**	Manche Blüten von Kräutern sind essbar, z. B. von Bohnenkraut, Dill, Majoran, Minze, Salbei und Thymian. ______________________ ______________________
 **2. Kräuter waschen und Wasser abschütteln**	Viele Vitamine und Mineralstoffe in den Kräutern sind wasserlöslich, z. B. Vitamin C. ______________________ ______________________
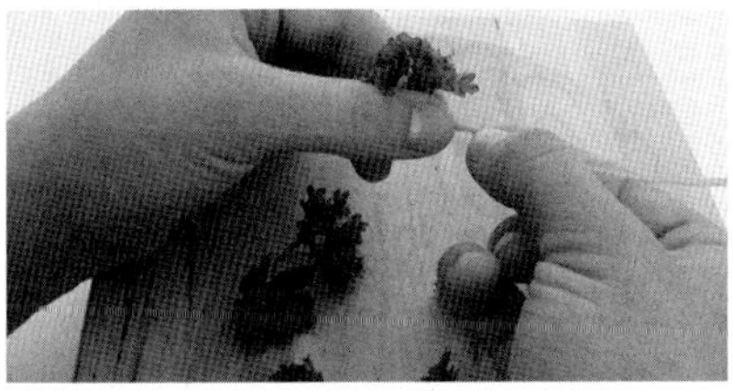 **3. Kräuter zupfen**	Kräuter, bei denen nur die Blätter verwendet werden, müssen vom Stängel gezupft werden, z. B. ______________________ ______________________

Ergänze die Beispiele! Kresse | Petersilie | Schnittlauch | getrocknete Kräuter

4. Kräuter zerkleinern mit			
 Messer, z. B. ____________	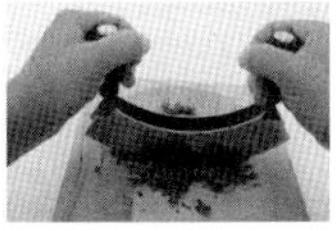 Wiegemesser, z. B. ____________	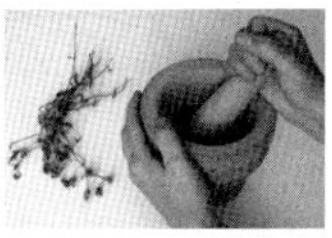 Mörser, z. B. ____________	 Schere, z. B. ____________

Name:	Klasse:	Datum:	Fach:	Nr.:

Kennst du diese Kräuter?

Ergänze die Namen neben den Fotos!

Dill | Basilikum | Zitronenmelisse | Liebstöckel | Kresse | Thymian

Schnittlauch | Salbei | Rosmarin | Majoran | Petersilie | Bohnenkraut

	____________		____________
	____________		____________
	____________		____________
	____________		____________
	____________	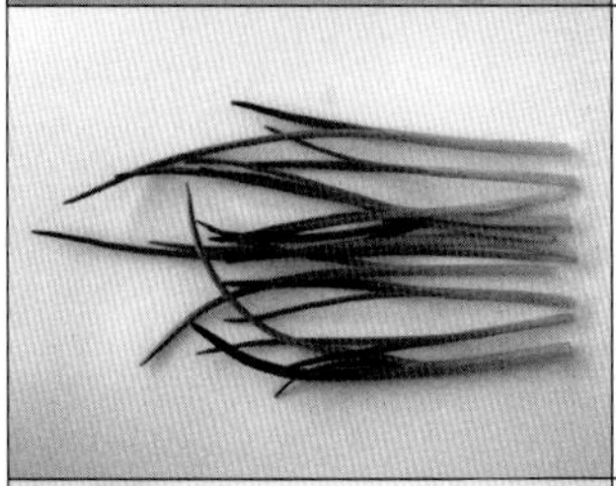	____________
	____________		____________

Name:	Klasse:	Datum:	Fach:	Nr.:

Teste dein Wissen über Kräuter!

Ergänze das Kreuzworträtsel und finde das Lösungswort!

Welcher Inhaltsstoff ist in allen Kräutern enthalten?

Ä _ _ _ _ _ _ _ _ _ _   _ _

Ä	1	2	3	4	5	6	7	8	9	10		11	12

❶ Welches Kraut schneidet man mit dem Messer?

❷ Mit welchem Gerät kann man Petersilie zerkleinern?

❸ Welches Kraut passt gut zu Tomaten mit Mozzarella?

❹ Welches Kraut verwendet man als Garnierung für Desserts?

❺ Welches Kraut schneidet man mit der Schere?

❻ Mit welchem Gerät zerkleinere ich getrocknete Kräuter?

❼ Was mache ich mit der Petersilie vor dem Wiegen?

❶			2			1						
❷		5										
❸			10									
❹		3										
❺		4										
❻		11										
❼					9							
❽	6											
❾					8							
❿				12								
⓫	7											

❽ Welches Kraut hilft bei Halsschmerzen?

❾ Wie muss das Tuch sein, in dem du Kräuter im Kühlschrank aufbewahrst?

❿ Welches Kraut passt gut zu Gurkensalat?

⓫ Welches Vitamin ist in Petersilie?

Lösung S. 25

Name:	Klasse:	Datum:	Fach:	Nr.:

Wir putzen und waschen Feldsalat

Ergänze die Regeln !

Jede einzelne Rosette putzen! | Gründlich im stehenden Wasser waschen!

Arbeitsschritte:	Beachte:
 **1. Feldsalat putzen**	Am Feldsalat hängen oft noch Wurzeln /Wurzelreste. ☝ ______________________
 **2. Feldsalat waschen und abtropfen lassen**	Feldsalat kann Sand- und Erdreste enthalten. ☝ ______________________

Teste dein Wissen über den Feldsalat!

Die Buchstaben sind vertauscht.
Finde die richtigen Wörter.

Feldsalat wird in manchen Regionen oder Ländern anders genannt.
z. B.:

Schweiz SSLINÜsalat ⇨ ______________________

Schwaben ERACKsalat ⇨ ______________________

Thüringen ZELPUNRAsalat ⇨ ______________________

Lösung S. 25

Name:	Klasse:	Datum:	Fach:	Nr.:

Wir schneiden Champignons blättrig

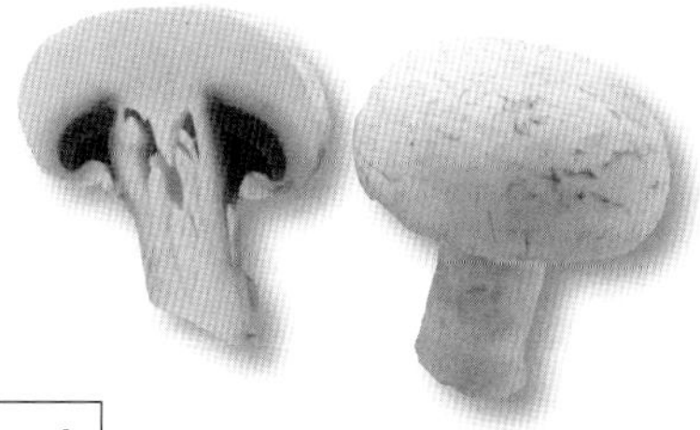

Ergänze die Regeln!

Champignon auf die glatte Fläche legen! | Pilze nur kurz waschen!

Nur wenig abschneiden! | Verwende den Krallengriff!

Arbeitsschritte:	Beachte:
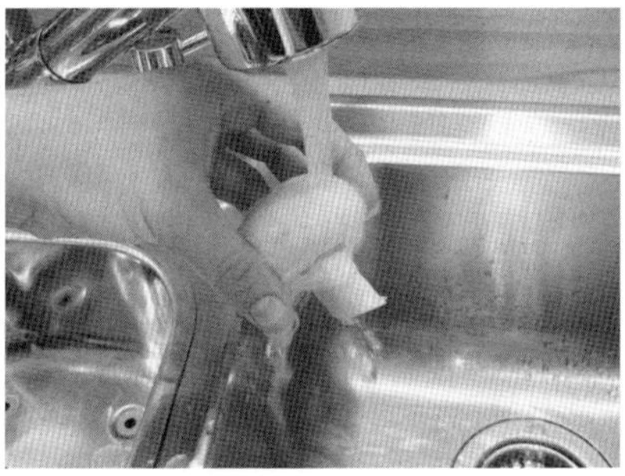 **1. Champignon kurz waschen**	Champignons saugen das Wasser leicht auf. ☝ ____________________
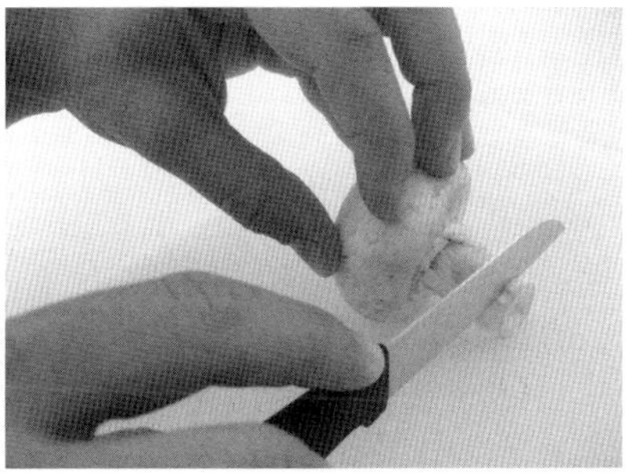 **2. Stielenden abschneiden**	Das untere Stielende ist oft trocken. ☝ ____________________
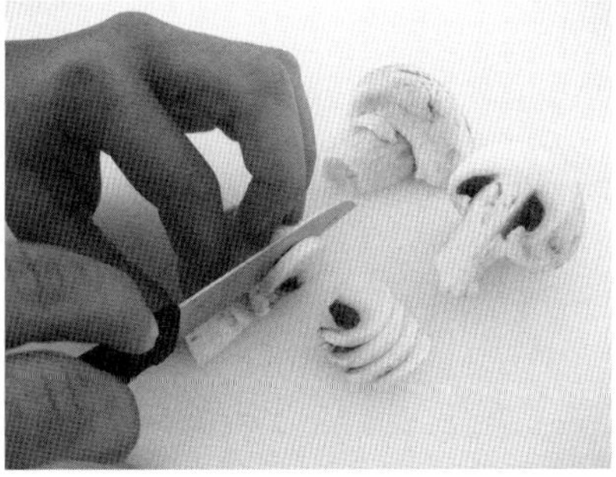 **3. Feinblättrig schneiden**	Champignons halbieren: ☝ ____________________ Meide Unfallgefahren! ☝ ____________________

Name:	Klasse:	Datum:	Fach:	Nr.:

Teste dein Wissen über Champignons!

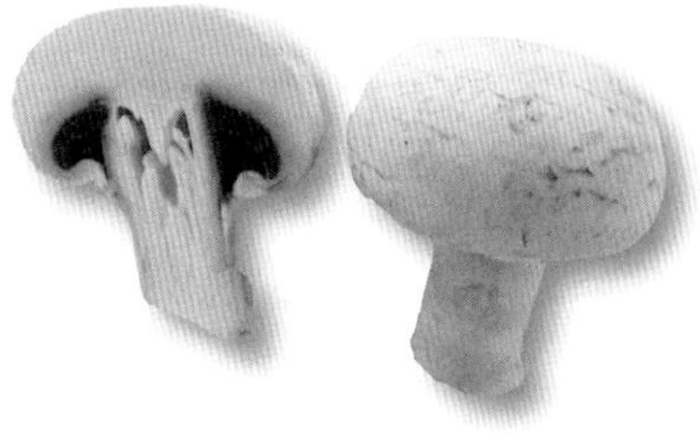

Male die Lösungsbuchstaben farbig an!
Tipp: Es können auch zwei Lösungen richtig sein.

1. Wie werden Champignons noch genannt?

Eckerlinge	Egerlinge	Engerlinge
M	B	A

2. Zu welcher Gruppe gehört der Champignon?

Obst	Pilze	Knollengemüse
T	C	A

3. Welche Farben können Champignons haben?

rötlich	weiß	bräunlich
U	D	E

4. Wann haben Champignons Saison?

das ganze Jahr über	nur in den Sommermonaten	nur in Wintermonaten
F	G	H

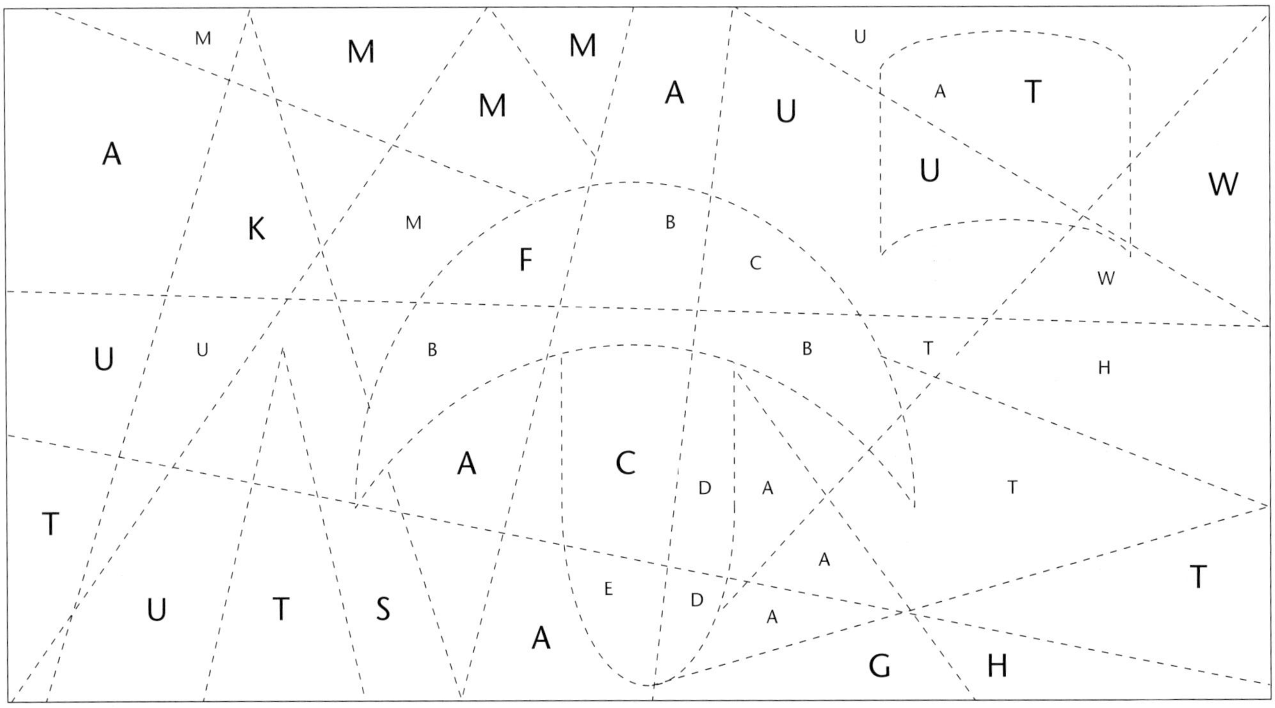

Tipp: Champignons kann man auch selbst zu Hause mit Champignonkulturen züchten.

Lösung S. 26

Name:	Klasse:	Datum:	Fach:	Nr.:

Wir schneiden Radieschen in Scheiben

Ergänze die Regeln!

Glatte Seite auf das Brett legen! | Krallengriff verwenden!

Grüne Blätter entfernen, in Plastikfolie oder feuchtes Tuch einschlagen!

Arbeitsschritte:	Beachte:
 **1. Radieschen putzen**	Radieschen bleiben so im Kühlschrank länger frisch und knackig: ______ ______ ______
 **2. Radieschen in Scheiben schneiden**	Halbieren: ______ In Scheiben schneiden: ______ ______

Teste dein Wissen über Radieschen!

Ergänze das Kreuzworträtsel und finde das Lösungswort!

Fragen

1. Mit welchem Gemüse sind Radieschen verwandt?
2. Von welchem lateinischen Wort leitet sich „Radieschen" ab?
3. Welcher Inhaltsstoff lässt die Radieschen so scharf schmecken?
4. Wodurch verlieren Radieschen ihre rote Farbe?
5. Für welche Gerichte werden Radieschen meist verwendet?
6. In welchem Monat haben Radieschen Saison?

1.						5	2
2.	7						
3.			9			3	
4.	1			6			
5.		8					
6.					4		

Aufbewahrungsort für Radieschen:

_ Ü _ _ _ _ _ _ _ _ K
1 2 3 4 5 6 7 8 9

Lösung S. 26

Name:	Klasse:	Datum:	Fach:	Nr.:

Wir schneiden Weißkohl / Weißkraut

Ergänze die Regeln!

Großes, langes Messer verwenden! | Rohes Kraut ist schwer verdaulich! | Äußere Blätter entfernen! | Strunk aber nicht mitessen!

Arbeitsschritte:	**Beachte:**
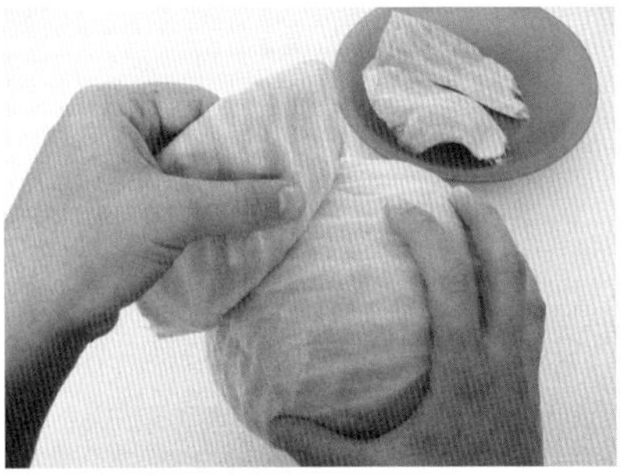 **1. Kraut putzen**	Bei Weißkraut aus konventionellem Anbau kann der Nitratgehalt in den äußeren Blättern und im Strunk höher sein. ______ ______ ______
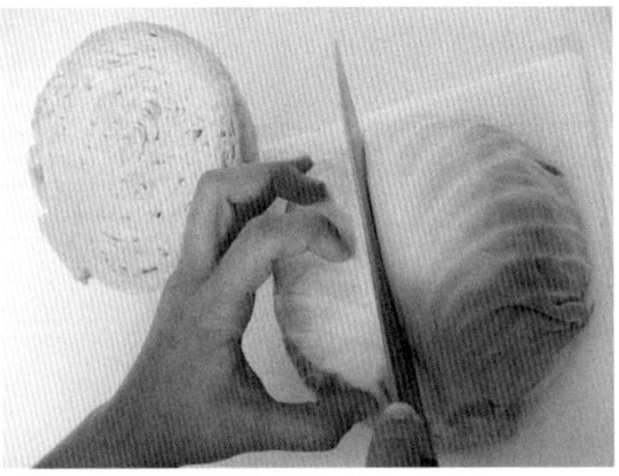 **2. Kraut halbieren, vierteln**	Achtung, Unfallgefahr! ______ ______
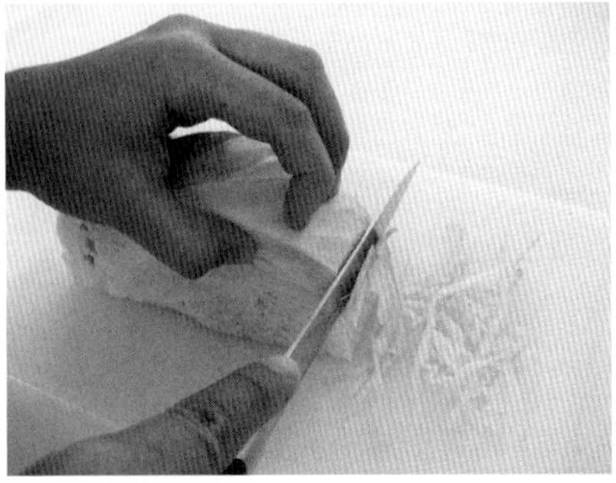 **3. Kraut schneiden oder hobeln**	Damit das Krautviertel zusammenhält, sollte der Strunk vor dem Schneiden / Hobeln nicht entfernt werden. ______ ______
4. Kraut evtl. kurz mit kochendem Wasser blanchieren	______ ______

Name:	Klasse:	Datum:	Fach:	Nr.:

Teste dein Wissen über den Weißkohl / das Weißkraut!

Ergänze das Kreuzworträtsel und finde das Lösungswort!

Zu welcher botanischen Familie gehört der Kohl?

1	2	3	4	Z	5	6	7	8	9	10	11
___	___	___	___	Z	___	___	___	___	___	___	___

❶ Durch … kannst du rohes Kraut leichter verdaulich machen.

❷ Wie heißt milchsauer vergorenes Weißkraut?

❸ In welchem Monat hat Weißkraut Saison?

❹ Sauerkraut ist besonders gut für die …!

❺ Weißkohl ist, wie Rotkohl, ein … .

❻ Nenne ein Beispiel für Blattkohl.

❶									2		
❷			4	3							
❸							5				
❹						6					
❺	1							9			
❻			11								
❼			8								
❽		7			10						
❾											

❼ Wie heißt ein rotblauer Verwandter des Weißkohls?

❽ Durch welches Gewürz wird Kohl leichter verdaulich?

❾ Welcher Vitamingehalt ist im Kohl besonders hoch?

Lösung S. 27

Name:	Klasse:	Datum:	Fach:	Nr.:

Wir schneiden Kohlrabi

Ergänze die Regeln !

Krallengriff verwenden! Mehrere Scheiben aufeinanderlegen!

Bei größeren Kohlrabis kann die Schale holzig sein!

Arbeitsschritte:	Beachte:
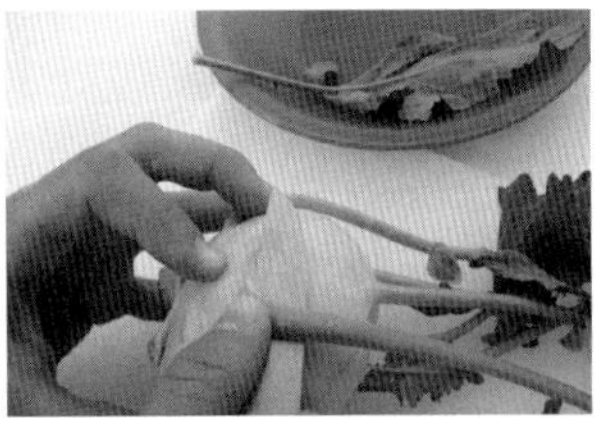 **1. Blätter wegschneiden**	Grüne Blätter, holzige Teile und Schale großzügig entfernen. ______________ ______________
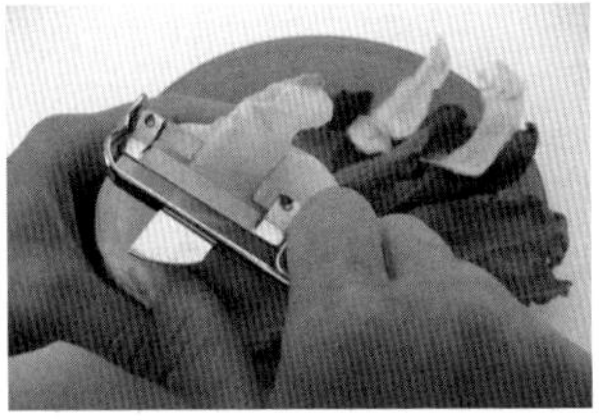 **2. Kohlrabi schälen**	Nach dem Schälen den Kohlrabi in Scheiben schneiden: ______________ ______________
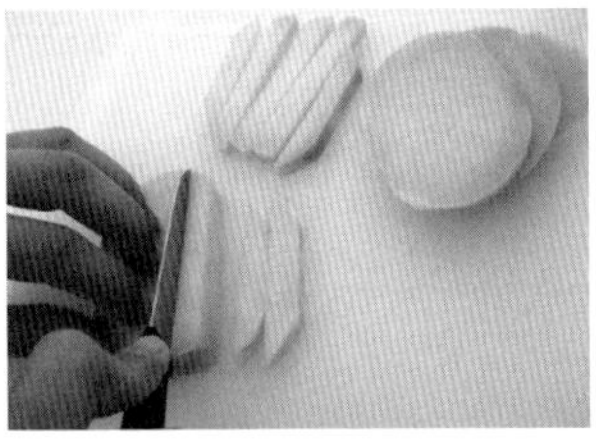 **3. Kohlrabi in Stifte schneiden**	Kohlrabi zeitsparend in Stifte schneiden: ______________ ______________

Teste dein Wissen über den Kohlrabi!

Die Buchstaben sind vertauscht. Finde die richtigen Wörter.

1. Kohlrabi ist eine Kreuzung zwischen: LHOK und ÜERB

______________ ______________

2. Welche Inhaltsstoffe machen den Kohlrabi so wertvoll?

SEBTLALAOFSTF, MNAVIETI, TONMIEERFALSF, ÖESNFL

______________, ______________, ______________, ______________

Lösung S. 27

Name:	Klasse:	Datum:	Fach:	Nr.:

Wir putzen und zerkleinern Blumenkohl

Ergänze die Regeln!

Achte auf eine gleichmäßige Größe!

Achte auf Ungeziefer wie z. B. Raupen!

Arbeitsschritte:	**Beachte:**
 **1. Blumenkohl putzen**	Grüne Blätter und Strunk entfernen. ______________________ ______________________
 **2. Blumenkohl in Röschen teilen**	Die einzelnen Röschen mit einem Messer vom Strunk trennen. Die Röschen sollen gleichmäßig garen. ______________________ ______________________

Teste dein Wissen über den Blumenkohl!

Ergänze die fehlenden Buchstaben!

1. Welcher Kohl ist dem Blumenkohl ähnlich?

_ R _ K _ _ L _

2. Welche Arbeitsschritte sind beim Putzen des Blumenkohls nötig?

_ L _ _ _ E _ und _ _ R _ N _ entfernen.

3. Wie kann Blumenkohl verzehrt werden?

R _ H und G _ G _ _ T .

Lösung S. 27

Name:	Klasse:	Datum:	Fach:	Nr.:

Wir schälen und pressen Knoblauch

Ergänze die Regeln!

Halbiere die Zehe und entferne den grünen Keim!

Vorsichtig mit einem kleinen Messer abziehen!

Arbeitsschritte:	Beachte:
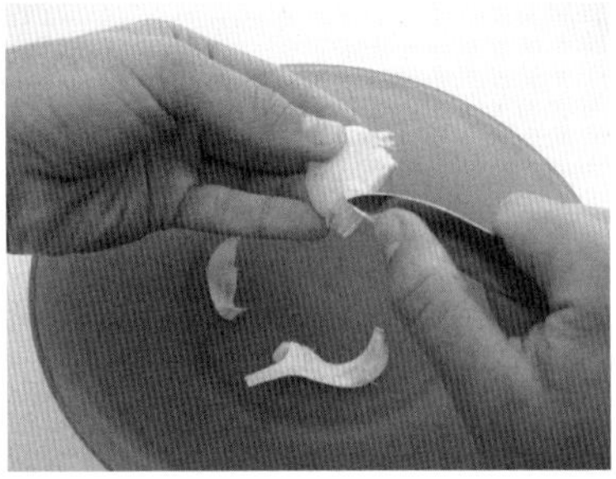 **1. Knoblauch schälen**	Die Haut der Zehe ist seidenpapierähnlich dünn und durchscheinend. ______ ______ ______
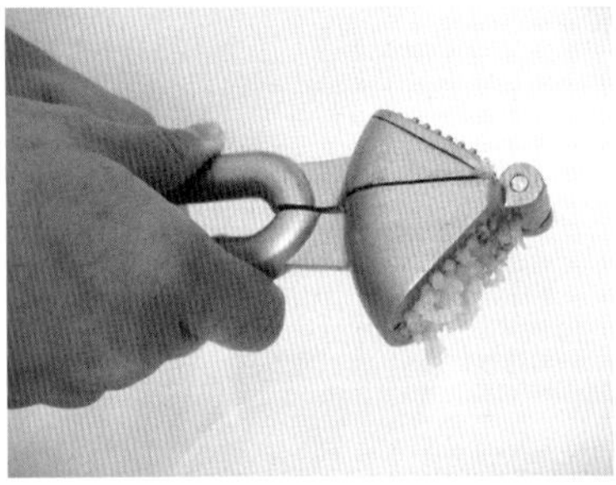 **2. Knoblauch pressen**	Gekeimter Knoblauch schmeckt bitter. ______ ______ ______

Teste dein Wissen über den Knoblauch!

Die Buchstaben sind vertauscht. Finde die richtigen Wörter.

1. Knoblauch ist bekannt für seinen …?

   ENTVISENIN GCHUER ⇨ ______

2. Was sollte entfernt werden, damit Knoblauch nicht bitter schmeckt?

   RENRGÜ MEIK ⇨ ______

3. Wie soll Knoblauch gelagert werden?

   HÜKL und ENTORCK ⇨ ______

Lösung S. 27

Teste dein Wissen über Kräuter!

Welcher Inhaltsstoff ist in allen Kräutern enthalten?

Ä	T	H	E	R	I	S	C	H	E	S	Ö	L
	1	2	3	4	5	6	7	8	9	10	11	12

❶	S	C	H (2)	N	I	T (1)	T	L	A	U	C	H
❷	W	I (5)	E	G	E	M	E	S	S	E	R	
❸	B	A	S (10)	I	L	I	K	U	M			
❹	M	E (3)	L	I	S	S	E					
❺	K	R (4)	E	S	S	E						
❻	M	Ö (11)	R	S	E	R						
❼	Z	U	P	F	E (9)	N						
❽	S (6)	A	L	B	E	I						
❾	F	E	U	C	H (8)	T						
❿	D	I	L	L (12)								
⓫	C (7)											

Teste dein Wissen über den Feldsalat!

Schweiz	SSLINÜsalat	⇨	**Nüssli**salat
Schwaben	ERACKsalat	⇨	**Acker**salat
Thüringen	ZELPUNRAsalat	⇨	**Rapunzel**salat

Teste dein Wissen über Champignons!

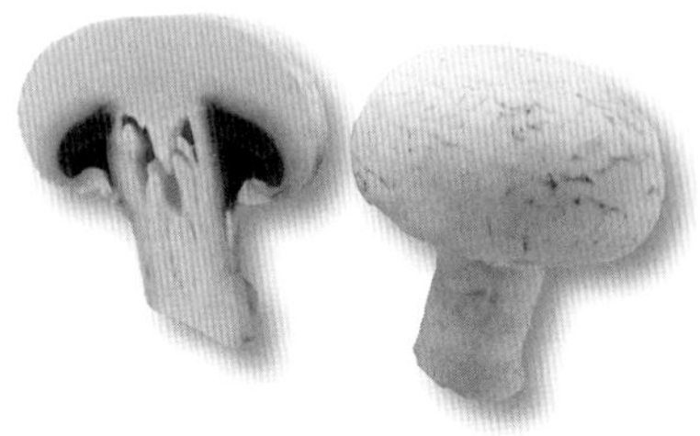

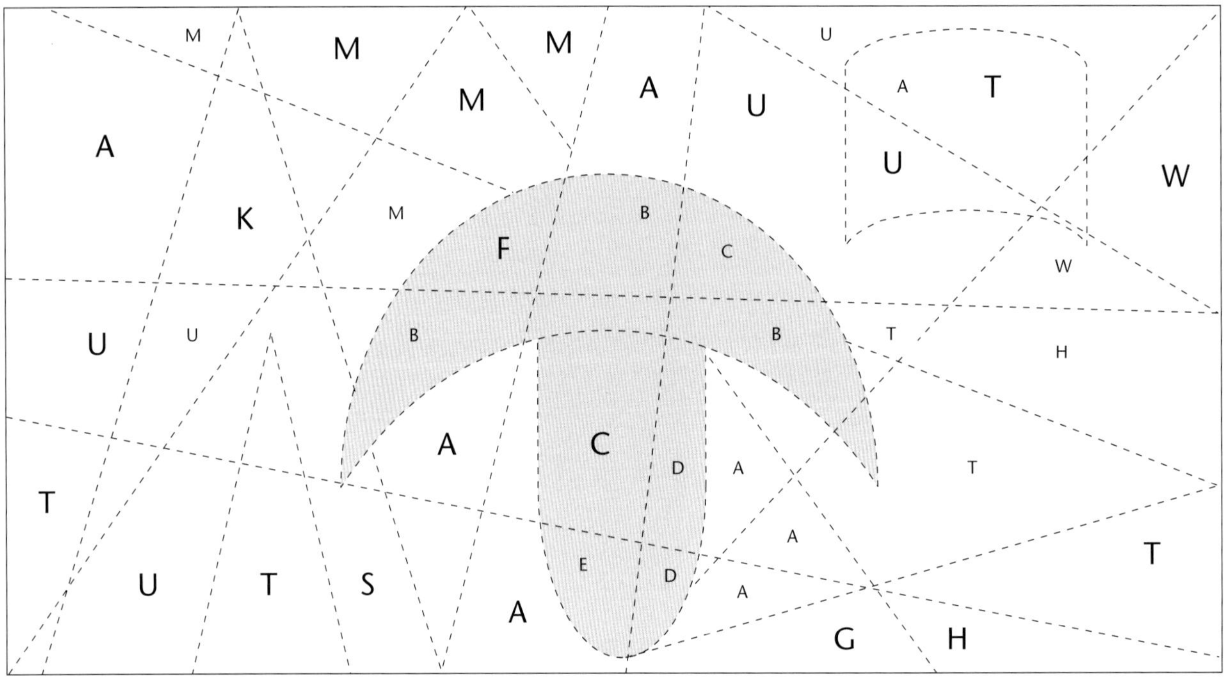

Teste dein Wissen über Radieschen!

Aufbewahrungsort für Radieschen:

K	Ü	**H**	**L**	**S**	**C**	**H**	**R**	**A**	**N**	K
1		2	3	4	5	6	7	8	9	

1.	R	E	T	T	I	C_5	H_2
2.	R_7	A	D	I	X		
3.	S	E	N_9	F	Ö	L_3	
4.	K_1	O	C	H_6	E	N	
5.	S	A_8	L	A	T	E	
6.	A	U	G	U	S_4	T	

Teste dein Wissen über den Weißkohl / das Weißkraut!

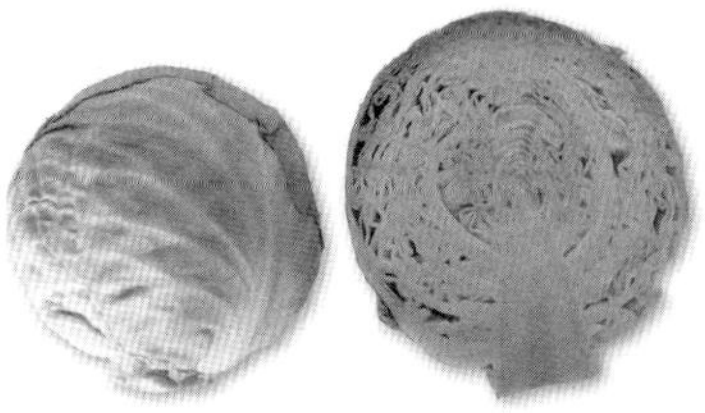

Welcher Inhaltsstoff ist in allen Kräutern enthalten?

K	R	E	U	Z	B	L	Ü	T	L	E	R
1	2	3	4		5	6	7	8	9	10	11

❶	B	L	A	N	C	H	I	E	R_{2}	E	N
❷	S	A	U_{4}	E_{3}	R	K	R	A	U	T	
❸	S	E	P	T	E	M	B_{5}	E	R		
❹	D	A	R	M	F	L_{6}	O	R	A		
❺	K_{1}	O	P	F	K	O	H	L_{9}			
❻	W	I	R_{11}	S	I	N	G				
❼	R	O	T_{8}	K	O	H	L				
❽	K	$Ü_{7}$	M	M	E_{10}	L					
❾	C										

Teste dein Wissen über den Kohlrabi!

1. **Kohl** und **Rübe**

2. Welche Inhaltsstoffe machen den Kohlrabi so wertvoll?

Ballaststoffe, **Vitamine**, **Mineralstoffe**, **Senföl**

Teste dein Wissen über den Blumenkohl!

1. **Brokkoli**
2. **Blätter** und **Strunk** entfernen.
3. **Roh** und **gegart**.

Teste dein Wissen über den Knoblauch!

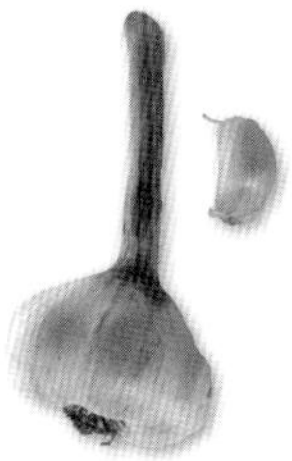

1. **intensiven Geruch**
2. **grüner Keim**
3. **kühl** und **trocken**

4 Rezepte

Hinweise zum Einsatz der Rezepte

Wir haben Rezepte mit unterschiedlichem Schwierigkeitsgrad bzw. Arbeitsumfang zusammengestellt. Somit sind Rezepte für alle unterschiedlichen Schultypen und Jahrgangsstufen vorhanden.

Die Arbeitsschritte zum Vorbereiten und Schneiden der einzelnen Gemüsearten sind bei vielen Rezepten als Fotos abgebildet. Diese Phasenbilder können Sie als Arbeitsanweisung für die Schülerpraxis verwenden. Dies ist bei der wiederholten Umsetzung eines Rezepts besonders sinnvoll, da die Fotos den Schülern selbsttätiges Arbeiten ermöglichen.

Bei Rezepten mit mehreren Gemüsearten finden Sie die Phasenbilder für die schwierigste Gemüseart bzw. manchmal auch zwei Bildstreifen vor.

Verwendete Abkürzungen

B.	Becher
Bd.	Bund
D.	Dose
EL	Esslöffel
LM	Lebensmittel
Msp.	Messerspitze
Päck.	Päckchen
Pr.	Prise
Sch.	Scheibe
St.	Stück
TK	Tiefkühl
TL	Teelöffel

Knoblauch pressen

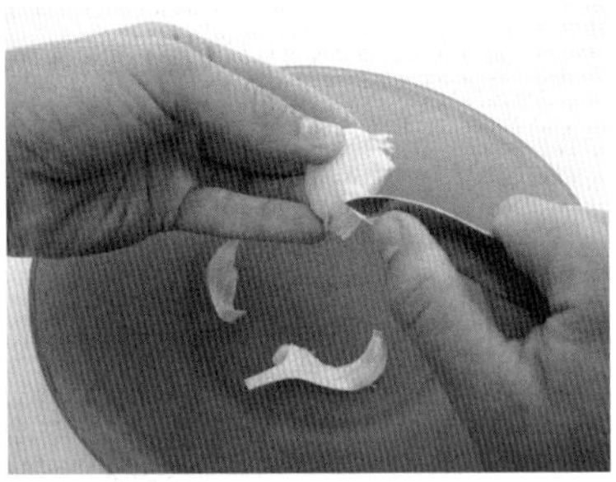

1. Knoblauchzehe schälen

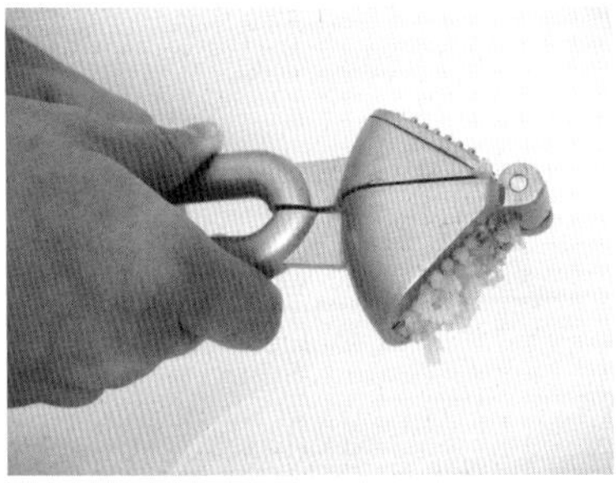

2. Knoblauch pressen

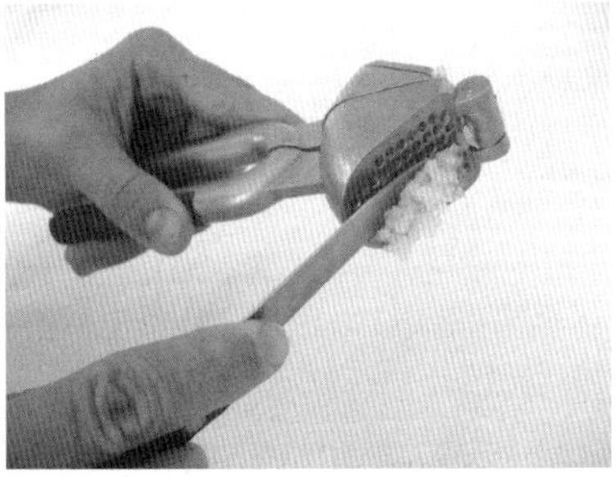

3. Knoblauch abstreifen

Name:	Klasse:	Datum:	Fach:	Nr.:

Wir verwenden Salbei und Bohnenkraut

Saltimbocca alla Romana

Menge	Zutaten	Zubereitung
2–4	Schnitzel, z. B. Kalb, Schwein, Pute Salz, Pfeffer	1. Schnitzel waschen, trocken tupfen, flach klopfen, evtl. teilen 2. Schnitzel auf beiden Seiten würzen
4 Sch. 4 1 EL	Parmaschinken Salbeiblätter Öl	3. Schnitzel mit Parmaschinken und Salbeiblatt belegen und mit einem Zahnstocher feststecken 4. Schnitzel auf beiden Seiten in der Pfanne braten **Garzeit:** pro Seite ca. 3 min
2 2 EL	Orangen Balsamicoessig	5. Orangen auspressen, Essig zugeben 6. Flüssigkeit aufgießen, Soße abschmecken **Beilage:** Reis oder Nudeln

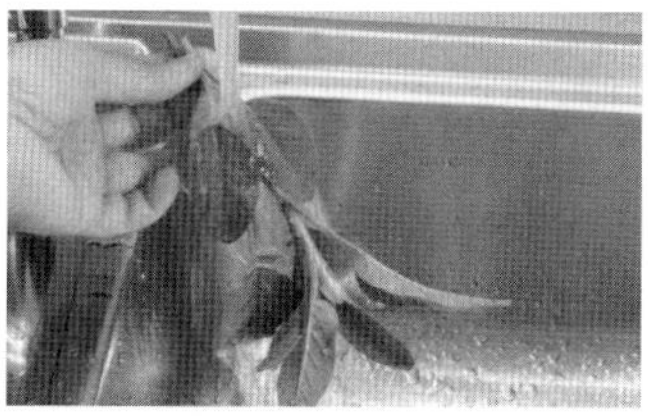

1. Salbei waschen

2. Salbei zupfen

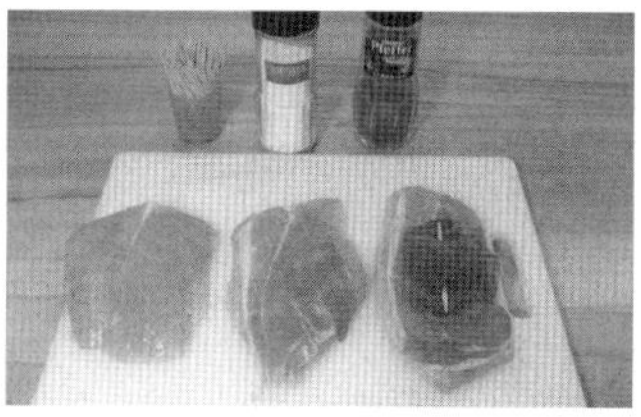

3. Schnitzel vorbereiten

4. Schnitzel braten

5. Schnitzel wenden

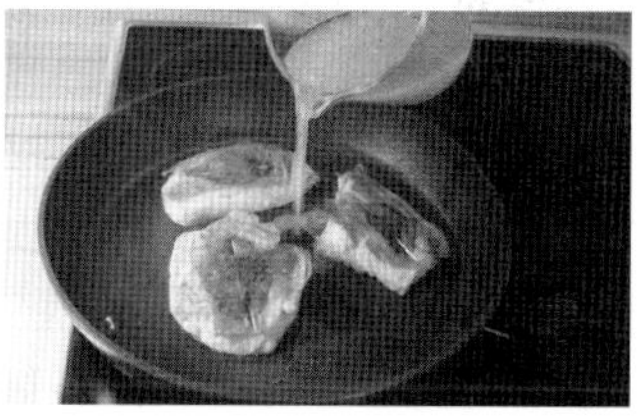

6. Flüssigkeit aufgießen

Bohneneintopf

Menge	Zutaten	Zubereitung
500 g 50 g 1 1–2 Zweige ¼ l je 1 Pr.	Bohnen Speck Zwiebel Bohnenkraut Brühe Pfeffer, Salz	1. Bohnen waschen, putzen und schräg schneiden 2. Speck in Würfel schneiden, in Pfanne auslassen 3. Zwiebel in feine Würfel schneiden, andünsten 4. Bohnen und ganze Zweige Bohnenkraut zugeben 5. Brühe aufgießen, Deckel auflegen, leicht köcheln lassen **Garzeit:** 10–15 min 6. Würzen **Beilage:** Salzkartoffeln

Name:	Klasse:	Datum:	Fach:	Nr.:

Wir zerkleinern Rosmarin und Schnittlauch

Rosmarinkartoffeln

Menge	Zutaten	Zubereitung
	Backpapier	1. Backblech mit Backpapier auslegen
800 g	Kartoffeln (mehligkochende)	2. Kartoffeln schälen, halbieren, vierteln und in große Würfel schneiden 3. Backofen auf 200 °C vorheizen Ober- und Unterhitze
5 EL	Olivenöl	4. Kartoffelwürfel in eine Schüssel geben, Öl darübergießen und ca. 5 min einziehen lassen
3–4	Rosmarinzweige	5. Rosmarinzweige waschen und die Blätter abzupfen
3 Pr. 2 Pr.	Kräutersalz Pfeffer	6. Kartoffelwürfel auf das Backblech verteilen 7. Rosmarin, Kräutersalz und Pfeffer gleichmäßig darüberstreuen **Garzeit:** ca. 25–30 min bei 200 °C Ober- und Unterhitze backen

Schnittlauchsoße

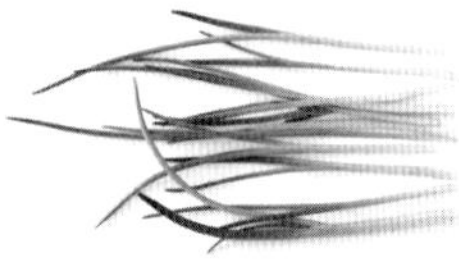

Menge	Zutaten	Zubereitung
1 B. 1 B.	saure Sahne Crème Fraîche	1. Saure Sahne und Crème Fraîche in eine Schüssel geben und verrühren
1 1 Bd.	Knoblauchzehe Schnittlauch	2. Knoblauchzehe schälen und pressen 3. Schnittlauch putzen, waschen und in Röllchen schneiden 4. Saure Sahne, Crème Fraîche, Knoblauch und die Schnittlauchröllchen vermengen
etwas	Salz, Pfeffer	5. Soße mit Salz und Pfeffer würzen

Rosmarin zupfen

Schnittlauch in Röllchen schneiden

1. Schnittlauch waschen

2. Schnittlauch schneiden

Name:	Klasse:	Datum:	Fach:	Nr.:

Wir zerkleinern Basilikum

Pesto

Menge	Zutaten	Zubereitung
100 g	frisches Basilikum	1. Basilikum zupfen, waschen und abschlagen 2. Basilikum schneiden
6	Knoblauchzehen	3. Knoblauchzehen schälen und pressen
100 g	ger. Parmesan	4. Alle Zutaten in einen Mixer geben oder pürieren
¼ l 75 g	Olivenöl Pinienkerne evtl. Salz	5. In sterilisierte Gläser mit einfüllen **Tipp:** Einmachglas bei 70 °C in der Spülmaschine reinigen
etwas	Öl	6. Oberste Schicht mit etwas Öl bedecken, Gläser fest verschließen

Basilikum zerkleinern

1. Basilikum zupfen

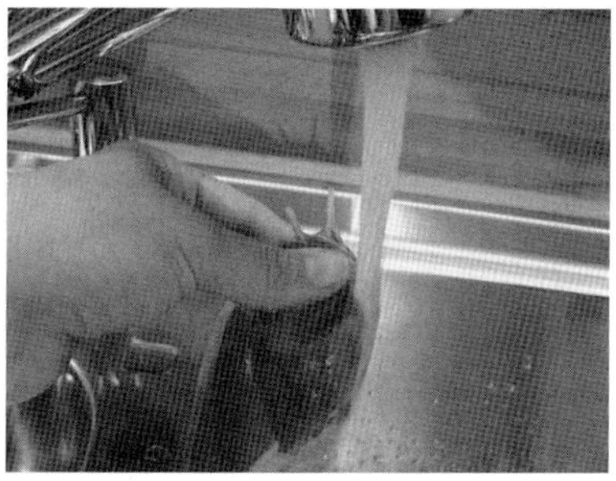

2. Basilikumblätter waschen

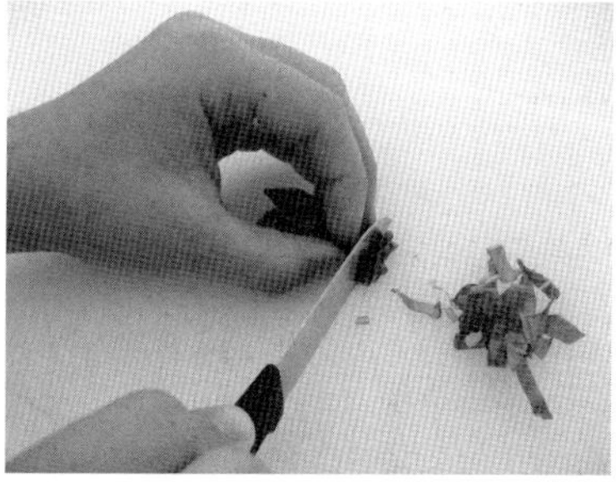

3. Basilikum schneiden

Knoblauch pressen

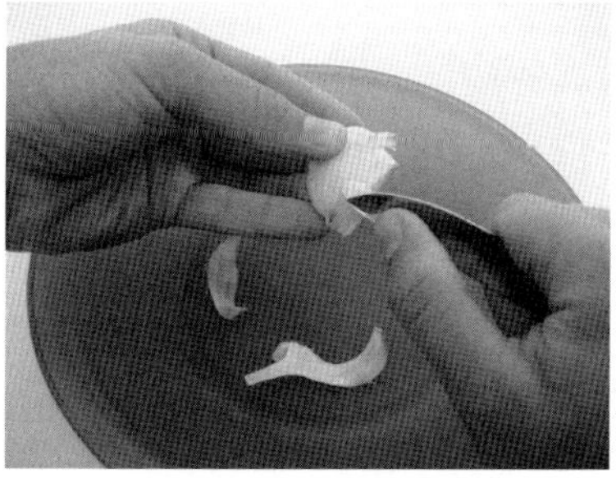

1. Knoblauchzehe schälen

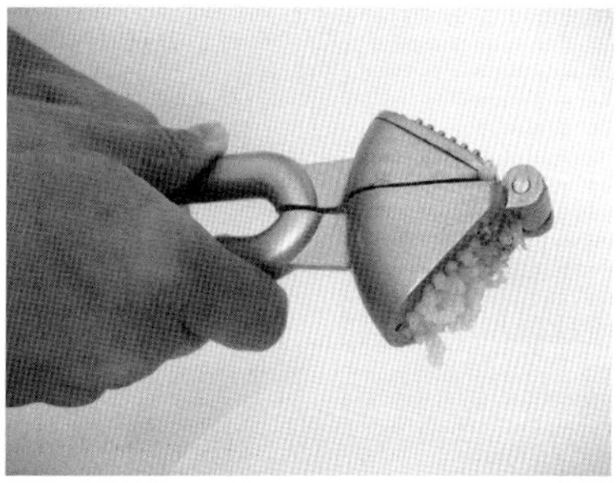

2. Knoblauch pressen

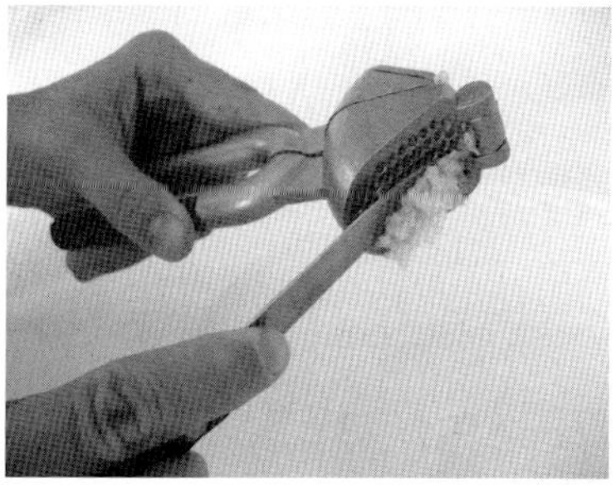

3. Knoblauch abstreifen

Tipp: Nudeln mit Pesto ist ein schnelles, sehr leckeres italienisches Gericht. Einfach Nudeln kochen, abseihen und mit Pesto mischen.

Name:	Klasse:	Datum:	Fach:	Nr.:

Wir zerkleinern Kräuter

Grüne Suppe mit weißem Punkt

Menge	Zutaten	Zubereitung
1 kleine	Zwiebel	1. Zwiebel schälen und in Würfel schneiden
2 EL	Öl	2. Öl erhitzen und die Zwiebel andünsten
400 ml	Brühe	3. Mit Brühe aufgießen und würzen
etwas	Salz, Pfeffer,	
6 EL	Kräuter, z. B. Schnittlauch Petersilie Kresse Basilikum	4. Kräuter waschen, zerkleinern und zur Suppe geben **Garzeit:** 5 min kochen
etwas	Sahne	5. Suppe pürieren, mit Sahne verfeinern und pikant abschmecken
1 kl. B.	Naturjoghurt	6. Suppe in Suppenteller anrichten: In die Mitte des Tellers 1 EL Joghurt und ein Petersilienblatt geben

Kräuter zerkleinern

1. Kräuter schneiden, waschen, Wasser abschütteln und putzen

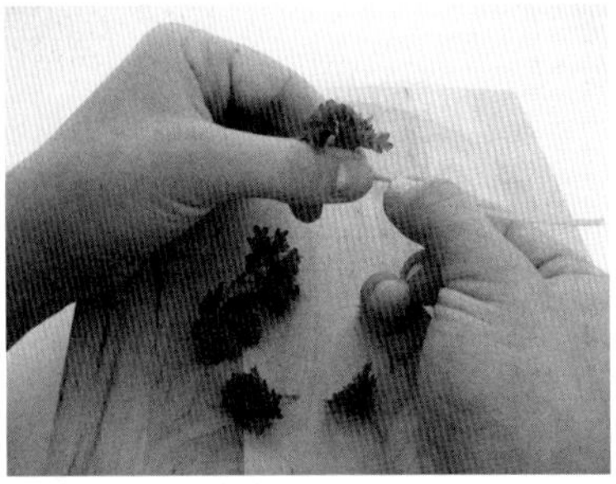

2. Petersilie zupfen

3. Basilikum zupfen und waschen

4. Kräuter schneiden

Name:	Klasse:	Datum:	Fach:	Nr.:

Wir verwenden Zitronenmelisse und Minze

Maracuja-Nachspeise

Menge	Zutaten	Zubereitung
4 Blatt	Gelatine	1. Gelatine einweichen
500 g 5 EL 3 EL	Quark Zucker Milch	2. Quark, Zucker und Milch zu einer cremigen Masse verrühren 3. Gelatine auflösen, Temperaturausgleich vornehmen und unter die Quarkmasse rühren 4. Die Masse im Kühlschrank kurz ansteifen lassen
2 B.	Sahne	5. Sahne steif schlagen 6. Etwas Sahne in einen Spritzbeutel füllen, restliche Sahne unter die Quarkcreme ziehen
		7. Nachspeise in Nachspeisenschälchen füllen und im Kühlschrank erkalten lassen
300 ml 2 Päck. einige Blatt etwas	Maracujasaft Soßenpulver (Vanille ohne Kochen) Zitronenmelisse Sahne	8. Mit dem Maracujasaft die Soße nach Packungsanleitung herstellen 9. Maracujasoße über die Nachspeise geben 10. Nachspeise mit einem Sahnetupfer und Melissenblättchen ansprechend anrichten

Virgin Mojito (für 1 Person)

Menge	Zutaten	Zubereitung
1 Stängel	Minze	1. Minze waschen und in ein hohes Glas geben
2 1	Eiswürfel Limette	2. Zwei Eiswürfel in ein Glas füllen 3. Limette waschen, vierteln 4. In das Glas 2 Viertel geben
150 ml 50 ml	Limonade (weiß) Mineralwasser	5. Getränk mit eisgekühlter Limonade und Mineralwasser auffüllen, im Kühlschrank erkalten lassen 6. Gläser mit Strohhalmen und Limettenstückchen anrichten

Pfefferminz-Zitronen-Limonade

Menge	Zutaten	Zubereitung
15–20	frische Pfefferminzblätter	1. Pfefferminze waschen und zupfen 2. Kochendes Wasser über Pfefferminzblätter gießen und 10 min ziehen lassen
100 ml 1 l 4 EL 2–3 EL	Wasser Mineralwasser Zitronensaft Zucker	3. Pfefferminztee abseihen und abkühlen lassen 4. Wasser, Zitronensaft und Zucker zugeben, abschmecken

Name:	Klasse:	Datum:	Fach:	Nr.:

Wir stellen Kräuteröl und Kräuteressig her

Kräuteressig

Menge	Zutaten	Zubereitung
150 g	frische Kräuter, z. B. Dill, Petersilie, Thymian, Rosmarin	1. Kräuter waschen, putzen, grob zerkleinern 2. In ein sterilisiertes Einmachglas geben **Tipp:** Einmachglas bei 70 °C in der Spülmaschine reinigen
1 l	Essig, z. B. Weißweinessig, Obstessig	3. Essig zum Kochen bringen und über die Kräuter gießen 4. Etwas abkühlen lassen, Glas verschließen und an einem dunklen Ort 2 Wochen ziehen lassen 5. Kräuteressig abseihen und in sterilisierte Flaschen abfüllen 6. Flasche mit Schraubverschluss oder abgekochtem Korken verschließen

Kräuter wiegen

1. Kräuter waschen

2. Kräuter zupfen

3. Kräuter grob wiegen

Kräuteröl

Menge	Zutaten	Zubereitung
1 Zweig 1 Zweig 1 2 1 EL	Thymian Rosmarin Lorbeerblatt Gewürznelken Pfefferkörner	1. Kräuter waschen, in Flasche stecken 2. Gewürze zugeben
500 ml	Olivenöl	3. Öl aufgießen **Tipp:** Kräuter müssen vollständig bedeckt sein! 4. Öl 2–4 Wochen dunkel lagern 5. Öl durch einen Kaffeefilter abseihen 6. Kräuteröl kühl und dunkel aufbewahren, allerdings nicht im Kühlschrank

Name:	Klasse:	Datum:	Fach:	Nr.:

Wir stellen Badezusätze her

Badeöl mit Kräutern

Menge	Zutaten	Zubereitung
250 ml	kaltgepresstes Pflanzenöl	Sonnenblumenöl, Distelöl oder Olivenöl
5 ml = ½ Fl.	ätherisches Öl	Je nach Wunsch: – Rosmarin ⇨ Muntermacherbad – Thymian ⇨ Erkältungsbad – Lavendel ⇨ Entspannungsbad – Salbei ⇨ Antischweißbad
	getrocknete Kräuter	Je nach ätherischem Öl: – Rosmarinblätter – Thymianblätter oder Thymianblüten – Lavendelblüten – Salbeiblätter
1 Kapsel	Vitamin E	Siehe Tipps zur Konservierung!

Tipps zur Konservierung der selbst gemachten Ölbäder:

Gib in eine Flasche Badeöl zusätzlich den Inhalt einer Kapsel Vitamin E.
Dazu schneidest du die Kapsel einfach auf und drückst den Inhalt in die Flasche mit dem Badeöl.
Vitamin E ist ein natürliches Konservierungsmittel und macht das Badeöl länger haltbar.
Es verhindert das Ranzigwerden und belebt zusätzlich noch die Haut.
Die Vitamin-E-Kapseln erhältst du in jeder Apotheke.

Badesalz

Menge	Zutaten	Zubereitung
1 Tasse	Meersalz	1. Meersalz in ein kleines Schraubdeckelglas füllen (z. B. leeres Marmeladenglas)
5 Tropfen	Lavendelöl	2. Lavendelöl zugeben (dient der Hautpflege und der sanften Reinigung)
5 Tropfen	Zitronenöl	3. Zitronenöl zugeben (reinigt, erfrischt und belebt die Haut) 4. Glas verschließen und kräftig schütteln

Wirkung:

Ein Bad mit Meersalz entschlackt den Körper und regt den Stoffwechsel an.
Ideal bei fettender oder unreiner Haut.

Name:	Klasse:	Datum:	Fach:	Nr.:

Wir putzen und waschen Feldsalat

Feldsalat „Art des Hauses"

Menge	**Zutaten**	**Zubereitung**
300 g	Feldsalat	1. Feldsalat putzen, waschen und abtropfen lassen
150 g	Speck oder Putenschinken	2. Speck oder Putenschinken in feine Würfel schneiden
1 EL	Öl	3. Öl erhitzen und den Speck/Schinken gut anbraten und erkalten lassen
etwas	<u>Marinade:</u> Brühe, Salz, Zucker, Essig (Essenz), Salz, Pfeffer Kräuter: Schnittlauch, Petersilie, …	4. Marinade herstellen (Salz, Zucker, Essig, Wasser, fein geschnittene Kräuter, Senf gut verrühren)
1	Zwiebel	5. Zwiebel schälen, in feine Würfel schneiden und zur Marinade geben 6. Speckwürfel zum Salat zugeben und marinieren 7. Salat in einer Schüssel mit Kräutern anrichten

Feldsalat putzen und waschen

1. Feldsalat putzen

2. Feldsalat waschen und abtropfen

Zwiebel in Würfel schneiden

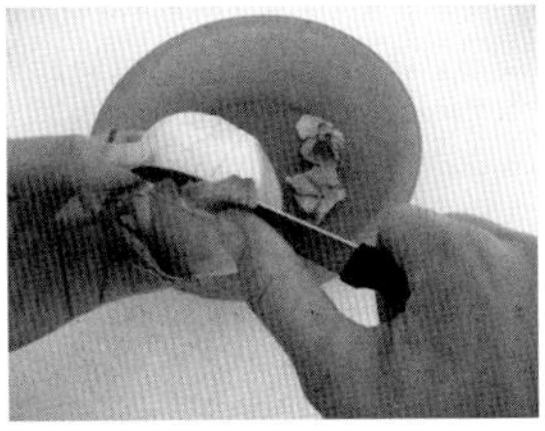

1. Zwiebel schälen

2. Zwiebel halbieren
⇨ Tunnelgriff

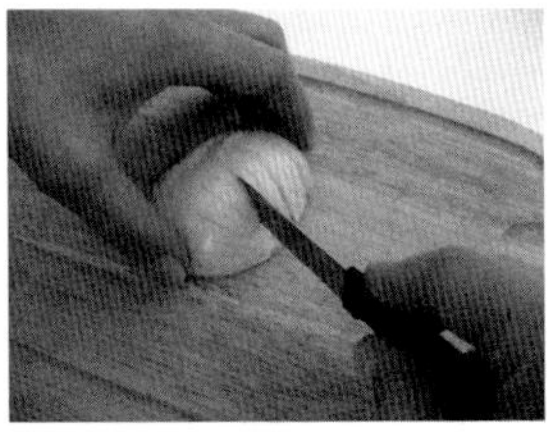

3. Längsstreifen
⇨ Tunnelgriff

4. Würfel schneiden
⇨ Krallengriff

Name:	Klasse:	Datum:	Fach:	Nr.:

Wir schneiden Champignons blättrig

Rahmchampignons

Menge	Zutaten	Zubereitung
1 200 g 1 P. ½ TL 1 B. 200 ml etwas	Zwiebel Champignons Öl Brühe Sahne Milch Salz, Pfeffer, Brühe Schnittlauch	1. Zwiebel in feine Würfel schneiden 2. Champignons putzen und blättrig schneiden 3. Öl erhitzen, Zwiebel und Champignons andünsten 4. Mit Brühe, Sahne und Milch aufgießen 5. Soße leicht köcheln lassen, damit sie etwas dicklich wird 6. Soße gut würzen 7. Schnittlauch in feine Röllchen schneiden und die Soße garnieren

Champignons blättrig schneiden

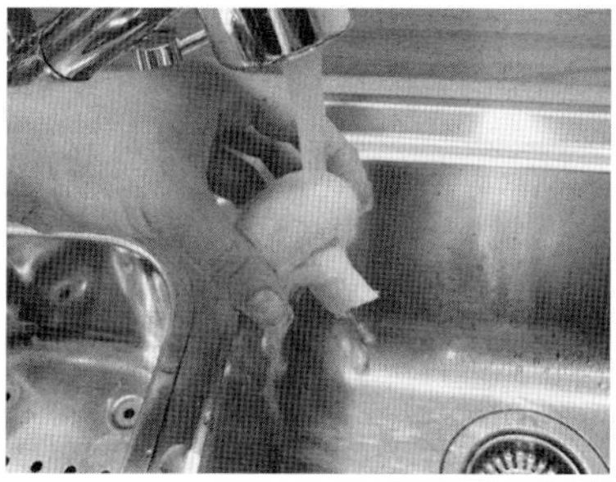
1. Champignons kurz waschen

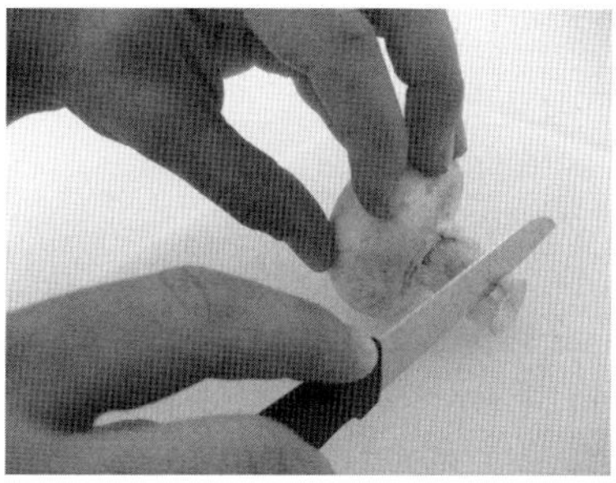
2. Stielenden abschneiden

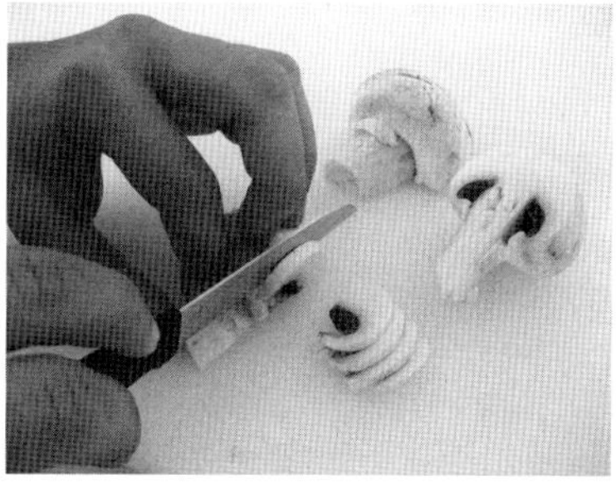
3. Feinblättrig schneiden

Semmelknödel

Menge	Zutaten	Zubereitung
4 ½ TL ⅛ l 2 1 kl. etwas 2 EL	Brötchen Salz Milch Eier Zwiebel Petersilie Öl kochendes Wasser	1. Brötchen in feine Scheiben schneiden und in eine große Schüssel geben 2. Salz, lauwarme Milch, Eier hinzugeben und ziehen lassen 3. Zwiebel in Würfel schneiden, Petersilie fein wiegen, kurz in Öl andünsten 4. Knödelteig herstellen und Knödel formen 5. Knödel in kochendes Wasser geben und garziehen **Garzeit**: ca. 20 min

Name:	Klasse:	Datum:	Fach:	Nr.:

Wir schneiden Radieschen und Kräuter

Radieschen-Schnittlauch-Brot

Menge	Zutaten	Zubereitung
3–4 Sch. 50 g 5–6 ½ Bd.	Vollkornbrot Frischkäse Radieschen Schnittlauch	1. Vollkornbrot mit Frischkäse bestreichen 2. Radieschen putzen, in feine Scheiben schneiden 3. Schnittlauch putzen, waschen, in feine Röllchen schneiden 4. Brote mit Radieschen belegen, mit Schnittlauch bestreuen

Schnittlauch schneiden

1. Schnittlauch abschneiden

2. Schnittlauch waschen

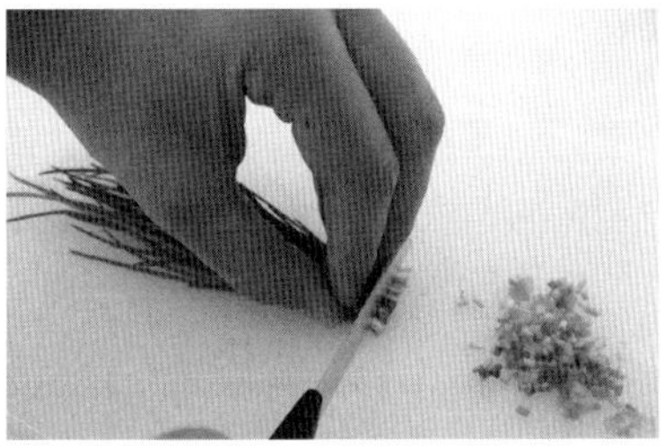
3. In feine Röllchen schneiden

Radieschen-Kressesalat

Menge	Zutaten	Zubereitung
1 Bd. 2 Pack. 2–3	Radieschen Kresse Eier	1. Radieschen putzen, waschen, in feine Scheiben schneiden 2. Kresse mit der Schere schneiden 3. Ei kochen, abschrecken, schälen, in Achtel schneiden
	<u>Marinade:</u>	
2 EL 2 EL 1 TL 1 Pr.	Zitronensaft Öl Senf Salz, Pfeffer	4. Alle Zutaten der Marinade verrühren und über den Salat geben 5. Salat mit Ei garnieren

Radieschen in Scheiben schneiden

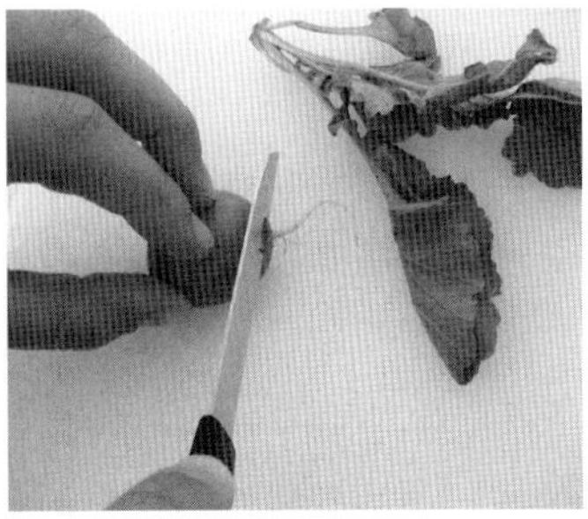
1. Radieschen putzen

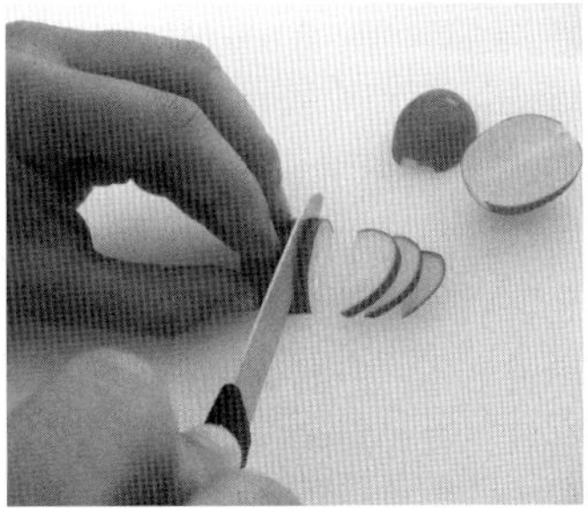
2. In Scheiben schneiden

Kresse schneiden

Name:	Klasse:	Datum:	Fach:	Nr.:

Wir schneiden oder hobeln Weißkohl/Weißkraut

Hackfleisch-Krautstrudel

Menge	Zutaten	Zubereitung
¼ Kopf 1 1 EL 250 g 1 TL ¼ TL 1 Pr. 1 EL	Weißkraut Zwiebel Öl Hackfleisch Kümmel Salz Pfeffer, Paprika Petersilie	1. Weißkraut putzen, vierteln und hobeln 2. Zwiebel in feine Würfel schneiden 3. Öl erhitzen 4. Hackfleisch anbraten, Gemüse zugeben, kurz mitdünsten 5. Petersilie fein wiegen und zugeben 6. Füllung würzen
1 Päck. 1	Blätterteig Ei	7. Blätterteig aufrollen, mit Ei bestreichen 8. Füllung auf Hälfte des Teiges verteilen 9. Ränder einschlagen, Strudel rollen 10. Auf ein mit Backpapier belegtes Blech oder in eine gefettete Auflaufform legen 11. Mit verquirltem Ei bestreichen und im Ofen backen **Garzeit:** 30 min bei 200 °C

Bayerischer Weißkrautsalat

Menge	Zutaten	Zubereitung
¼ Kopf 1 TL	Weißkraut Salz	1. Weißkraut putzen, vierteln und hobeln **Tipp:** Blanchiertes Weißkraut ist leichter verdaulich! 2. Mit Salz mischen und stampfen
½ 50 g 1 EL	Zwiebel Speck oder Öl	3. Zwiebel in feine Würfel schneiden 4. Speck auslassen oder Öl erhitzen, Zwiebeln kurz andünsten
	Marinade:	
2 EL 1 TL 1 Pr. 1 Pr.	Essig Kümmel Zucker Pfeffer	5. Marinade ohne Öl verrühren und mit dem Salat mischen 6. Salat etwas ziehen lassen
2 EL	Öl	7. Salat mit Öl mischen und abschmecken

Wir hobeln Weißkohl/Weißkraut

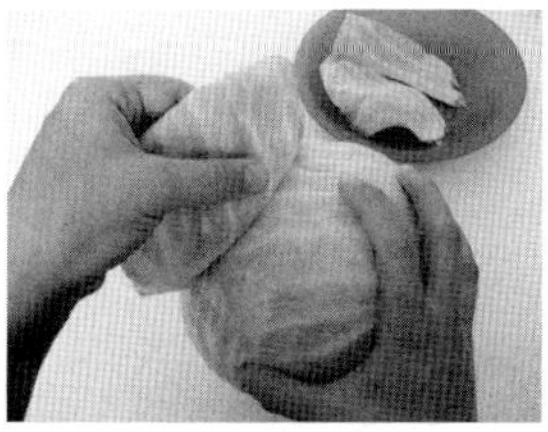
1. Weißkraut putzen

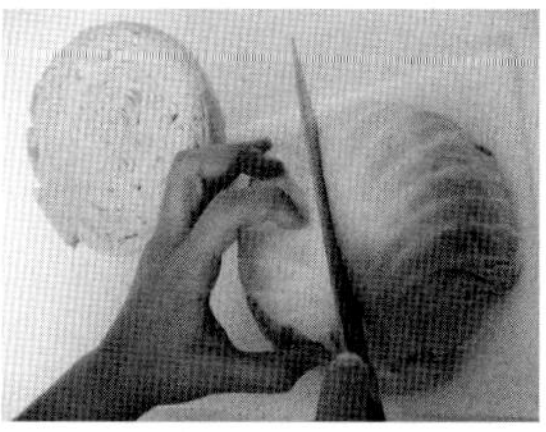
2. Weißkraut vierteln

3. Weißkraut hobeln oder

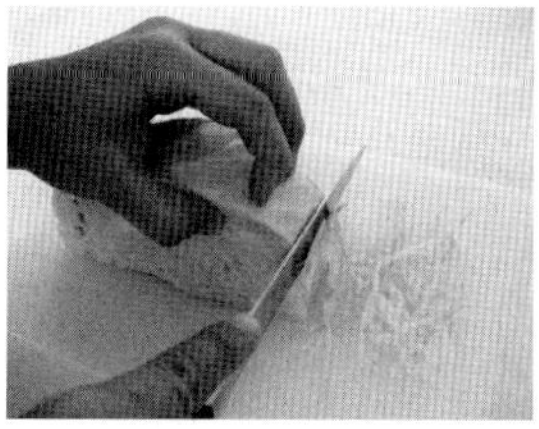
4. Weißkraut schneiden

Name:	Klasse:	Datum:	Fach:	Nr.:

Wir schneiden Kohlrabi

Kohlrabi gedünstet

Menge	Zutaten	Zubereitung
2–3	Kohlrabi	1. Kohlrabi schälen, in dünne Stifte schneiden
1 EL	Butter	2. Butter erhitzen, Kohlrabi andünsten
2 EL	Wasser	3. Mit Wasser ablöschen
½ B.	Sahne	4. Sahne aufgießen
		5. Topfdeckel auflegen, dünsten **Garzeit:** 10–15 min
1 Pr. ½ TL	Salz, Pfeffer Gekörnte Brühe	6. Würzen
1 EL	Petersilie	7. Petersilie fein wiegen und kurz vor dem Servieren dazugeben

Kohlrabistifte mit Kräuterdipp

Menge	Zutaten	Zubereitung
2–3	Kohlrabi, evtl. weitere Gemüsesorten, z. B. Karottenstifte, Stangensellerie, Paprikastreifen	1. Kohlrabi putzen und schälen 2. Kohlrabi in Scheiben schneiden 3. Kohlrabi in Stifte schneiden 4. Stifte auf einer Platte anrichten
	Marinade:	
250 g	Quark	
100 g	Joghurt	
1 Pr.	Salz, Pfeffer	
2–3 EL	Kräuter, z. B. Petersilie, Dill, Zitronenmelisse	5. Kräuter waschen, zupfen und wiegen 6. Marinade verrühren und in einem Schälchen anrichten

Kohlrabi in Stifte schneiden

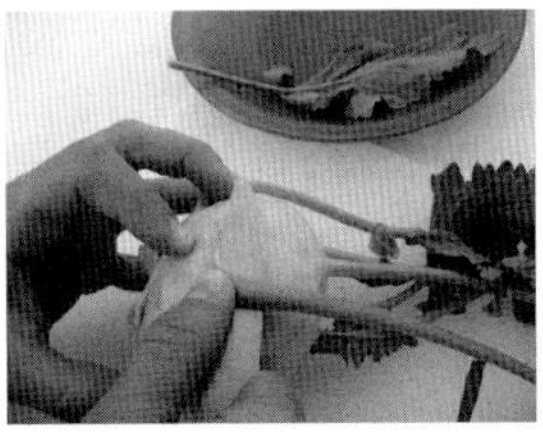

1. Blätter entfernen

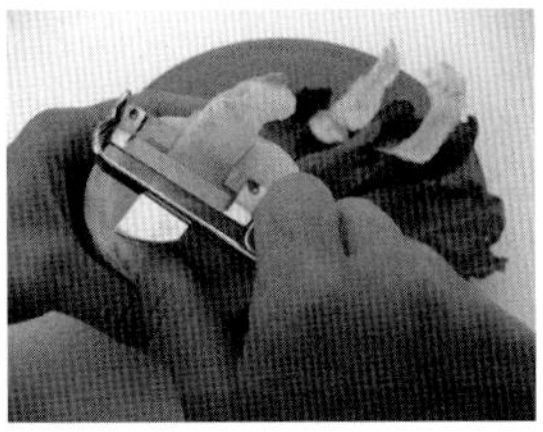

2. Kohlrabi schälen

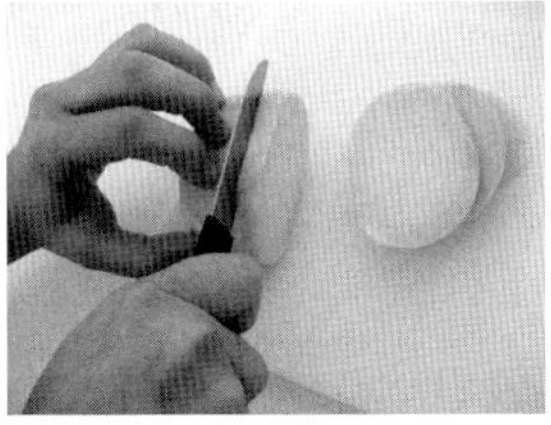

3. In Scheiben schneiden

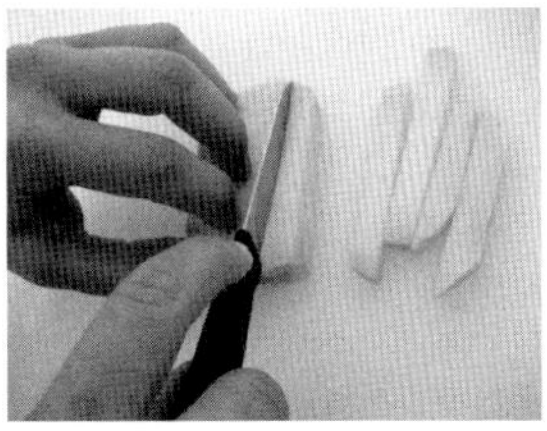

4. In Stifte schneiden

Name:	Klasse:	Datum:	Fach:	Nr.:

Wir putzen und zerkleinern Blumenkohl

Blumenkohlgratin

Menge	Zutaten	Zubereitung
½ EL	Öl	1. Feuerfeste Auflaufform mit Öl einfetten
1 kleiner	Blumenkohl	2. Blumenkohl putzen, in gleichmäßige Röschen teilen und waschen
ca. 2 l 1 TL	Wasser Salz	3. Wasser zum Kochen bringen, Salz und die Blumenkohlröschen zugeben; Röschen bissfest kochen **Garzeit:** ca. 10 min (je nach Größe der Röschen)
		4. Gekochte Röschen im Sieb gut abtropfen lassen
200 g	Putenschinken	5. Putenschinken in kleine Streifen schneiden
1 B. 1 B. 2	Sahne Joghurt Eier	6. Sahne, Joghurt und Eier in einer Schüssel gut verrühren
	Salz, Pfeffer, Muskat	7. Eiermasse mit Salz, Pfeffer und Muskat gut würzen
100 g	geriebener Käse	8. Käse unter die gewürzte Eiermasse rühren
		9. Abgetropfte Blumenkohlröschen und Schinkenstreifen abwechselnd in die gefettete Auflaufform einschichten
		10. Eiermasse über den Blumenkohl gießen **Garzeit:** ca. 20 min bei 200 °C Ober- und Unterhitze überbacken

Wir putzen und zerkleinern Blumenkohl

1. Blumenkohl putzen

2. Strunk abschneiden

3. Blumenkohl in Röschen teilen

Name:	Klasse:	Datum:	Fach:	Nr.:

Wir pressen Knoblauch

Knoblauch-Baguette

Menge	Zutaten	Zubereitung
1	Stangenweißbrot	1. Stangenweißbrot in fingerdicken Abständen tief einschneiden, aber nicht durchtrennen
4 2 EL	Knoblauchzehen Kräuter (z.B. Petersilie, Schnittlauch)	2. Knoblauchzehen schälen und pressen 3. Kräuter waschen und fein zerkleinern
100 g etwas	weiche Butter Salz, Pfeffer	4. Weiche Butter, Knoblauch, Kräuter, Salz und Pfeffer in einer Schüssel gut vermischen 5. Knoblauchbutter in die Einschnitte des Stangenweißbrotes streichen
	Alufolie	6. Brot in Alufolie wickeln und im Backofen backen **Garzeit:** ca. 15–20 min bei 200 °C Ober- und Unterhitze 7. Fertiges Knoblauchbaguette aus der Folie nehmen und noch heiß servieren

Knoblauch pressen

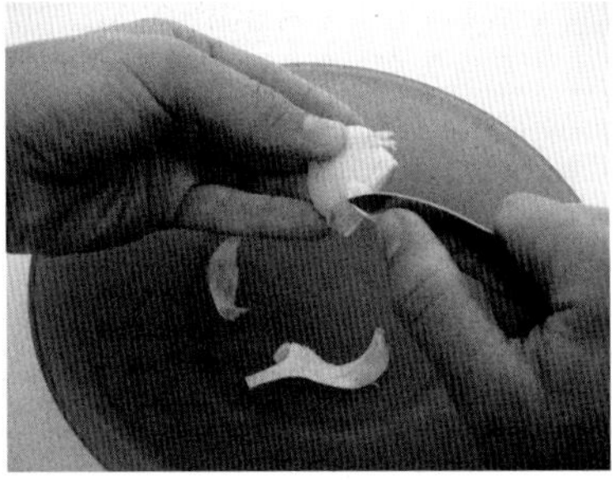

1. Knoblauchzehe schälen

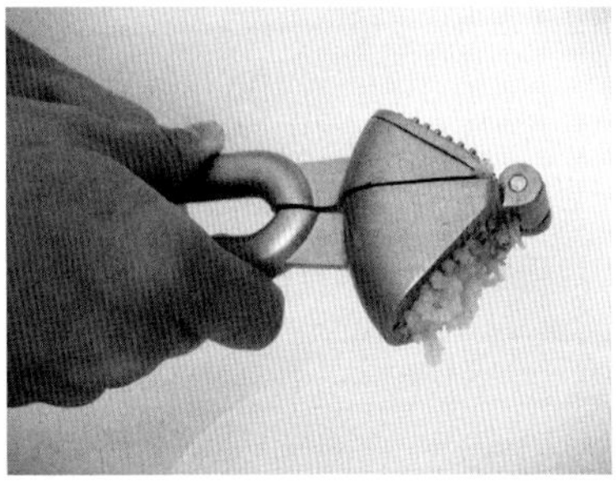

2. Knoblauch pressen

3. Knoblauch abstreifen

Knoblauchöl

Menge	Zutaten	Zubereitung
6 1 1 Zweig 5 ¼ TL ½ l	Knoblauchzehen Lorbeerblatt Rosmarin Pimentkörner weiße Pfefferkörner kaltgepresstes Olivenöl	1. Knoblauchzehen schälen und längs halbieren 2. Lorbeerblatt und Rosmarinzweig waschen und gut abtropfen lassen 3. Knoblauchhälften, Lorbeerblatt, Rosmarinzweig, Piment- und Pfefferkörner in eine trockene Flasche geben 4. Mit dem Olivenöl auffüllen und mind. 4 Tage durchziehen lassen

Auer

Auer empfiehlt

Christa Troll / Michaela Hartl / Nadine Lohmann

Hauswirtschaft in Bildern

- Schritt für Schritt und Bild für Bild zum Küchenprofi !

Mit diesen Fotokarten gelingt es Ihnen, wichtige grundlegende Küchenfertigkeiten einfach, anschaulich und einprägsam zu vermitteln. Jeder einzelne Arbeitsschritt wird anhand eines Fotos visualisiert. So können die Tätigkeiten in kleinen Schritten und auf einen Blick verständlich eingeführt werden. Gleichzeitig werden die Schüler bei der selbstständigen praktischen Umsetzung unterstützt.

Die Fotokarten sind sofort einsetzbar, durch eine abwischbare Oberfläche robust und somit für den Alltag in der Schulküche optimal geeignet. Die beiliegenden Hefte bieten Anregungen zum vielfältigen Einsatz der Fotokarten und kopierfertige Arbeitsblätter für die Schüler. Die abwechslungsreichen Arbeitsblätter dienen der Anwendung des Gelernten sowie der Wiederholung und erweiterten Vertiefung des jeweiligen Themas. Die Materialien können in allen Schulformen eingesetzt werden und sind auch für fachfremd unterrichtende Lehrkräfte bestens geeignet!

Garmachungsarten für Anfänger

48 S., DIN A4,
zzgl. 45 Fotokarten (DIN A5)
- Best-Nr. **06435**

Gemüse und Kartoffeln vorbereiten für Anfänger

48 S., DIN A4,
zzgl. 44 Fotokarten (DIN A5)
- Best-Nr. **06256**

Obst vorbereiten für Anfänger

48 S., DIN A4,
zzgl. 44 Fotokarten (DIN A5)
- Best-Nr. **06527**

*Auf der folgenden Seite finden Sie Leseprobe aus einem Band.

Bestellschein (bitte kopieren und faxen/senden)

Ja, bitte senden Sie mir gegen Rechnung:

Anzahl	Best.-Nr.	Kurztitel
	06435	Garmachungsarten für Anfänger
	06256	Gemüse und Kartoffel vorbereiten
	06527	Obst vorbereiten für Anfänger

☐ Ja, ich möchte per E-Mail über Neuerscheinungen und wichtige Termine informiert werden.

E-Mail-Adresse

*Der E-Mail-Newsletter ist kostenlos und kann jederzeit abbestellt werden. Ihre Daten werden im Rahmen der gesetzlichen Vorschriften geschützt. Nähere Informationen zum Datenschutz finden Sie unter: www.auer-verlag.de/go/daten

Auer Verlag GmbH
Postfach 1152
86601 Donauwörth

Fax: 09 06 / 73-177
oder einfach anrufen:
Tel.: 09 06 / 73-240
(Mo-Do 8:00-16:00 & Fr 8:00-13:00)
E-Mail: info@auer-verlag.de

Absender:

Aktionsnummer: 9005

Vorname, Nachname

Straße, Hausnummer

PLZ, Ort

Datum, Unterschrift

Name:	Klasse:	Datum:	Fach:	Nr.:

Wir schneiden Birnen in Scheiben

Ergänze die Regeln!

Kerngehäuse gründlich entfernen! | Verwende den Krallengriff!

Birne dünn von oben nach unten schälen! | Verwende den Tunnelgriff!

Arbeitsschritte:	Beachte:
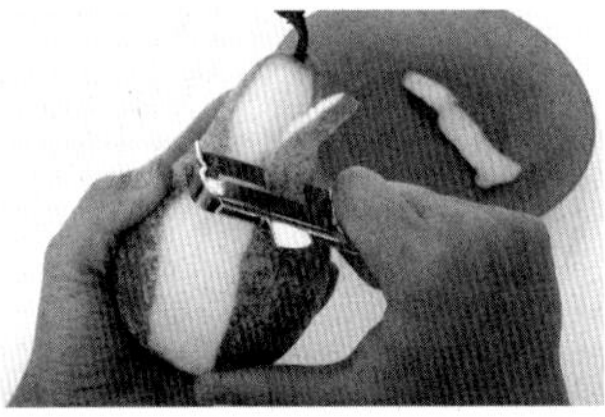 **1. Birne schälen**	Die Birne hat eine längliche Form. ______ ______
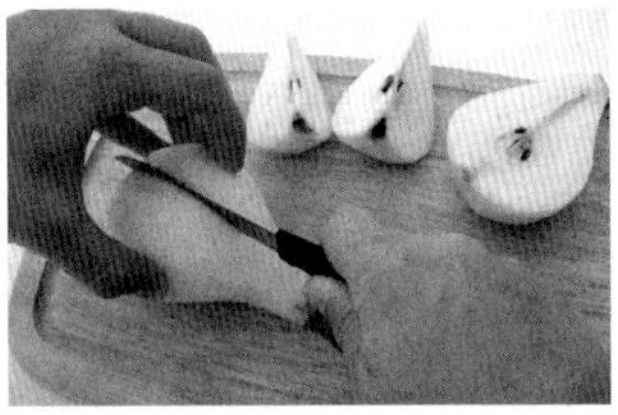 **2. Birne halbieren /vierteln**	Vorsicht: Verletzungsgefahr! ______ ______
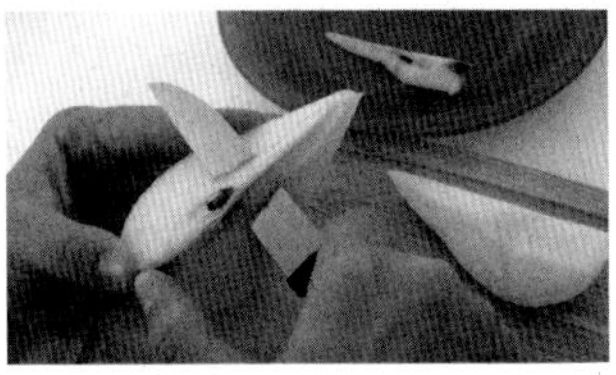 **3. Kerngehäuse heraus- schneiden**	Das Kerngehäuse ist sehr holzig und hart. ______ ______ Vorsicht: Verletzungsgefahr!
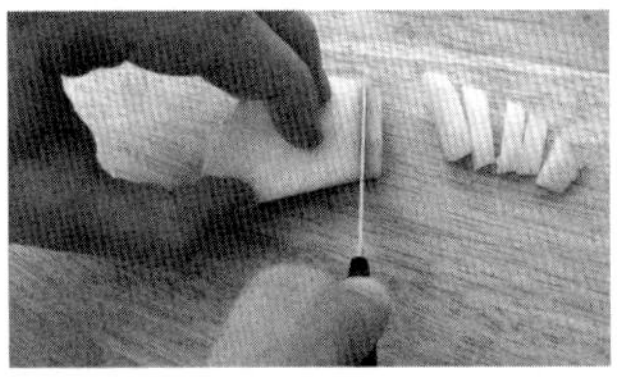 **4. Birne in Scheiben schneiden**	Die Birne zum Schneiden auf die glatte Seite legen! ______ ______